세종문학회 이모저모

◀보령 개화공원 (2010년 5월)

▲ 영주 문학기행 (2009년 4월)

▲ 청령포 문학기행 (2008년 1월)

▲ 정기모임 (2013년 4월)

▲ 서산 부석면 월계리 (조영희 회장댁 방문, 2013년 5월 7일)

▲ 춘계 문학기행 (2011년 5월)

▲ 황순원문학관 (2011년 10월)

▲ 정기총회 (2013년 1월)

▲ 춘계 문학기행 부석면 월계리 (2013년 5월)

▲ 월계리 제비집

▲ 춘계 문학기행 부석면 월계리 여월정에서 (2013년 5월)

▲ 춘계 문학기행 간월도 낙조 (2013년 5월)

▲ 정순왕후생가 (2013년 5월)

▲ 추계 문학기행 이항로선생 생가 (2013년 9월)

▲ 춘계 문학기행 간월도 간월암 (2013년 5월)

▲ 춘계 문학기행 부석면 월계리 (2013년 5월)

2013년 창간호

세종문학

세종문학회

도서출판 국보

목 차

| 발간사 |

혜안의 빛이 되기를 기대하며

세종문학회 회장 조영희

인간은 하나님께로부터 생명을 부여받을 때, 고고지성(呱呱之聲)의 울음으로 첫 호흡을 자연과 하나 되어 생을 시작하게 됩니다.

루이스는 '인간은 태어나면서 시인이었다', 릴케는 '인간은 젊어서 시인이 아닌 사람이 없다', 플라톤은 '인간은 사랑할 때 누구나 시인이 된다' 라고 하였습니다. 이렇듯 인간은 태어나면서 그 무엇과 다른 기질적 감성 표현의 축복을 지녔습니다. 그 무엇과도 바꿀 수 없는 풍부한 열망과 젊음의 과정을 지나게 됩니다 또한 사랑은 인간 본연의 심지이며 삶의 에너지입니다. 이런 삶의 부분에 있어 시인된 자로서의 존재감은 생의 큰 축복이며 보람이 아닐 수 없습니다.

인생에 있어서 가장 큰 축복은 '만남의 축복'이라고 합니다. 좋은 스승을 만나고 좋은 배우자를 만나고 좋은 벗을 만나면 인생의 절반은 성공한 셈이라고 합니다. 그러나 아무리 운 좋은 만남의 인연이 주어져도, 사랑이 존중이듯, 존중하는 사랑의 노력이 부족하면 그 만남은 헛된 것이 될 수 있습니다. 그래서 살아가면서, 누구를 '어디서 어떻게 만났느냐'보다는 누구를 '어떻게 만나느냐'가 더 중요하다고 할 수 있습니다. 본인의 심연의 의지나 행동에 따라서 인생의 지표는 완전히 달라지기 때문입니다.

우리 세종문학회는 끈끈한 우정과 문예창작에 대한 열정으로 만남의 인연을 쌓아온 모임입니다. 문학에 대한 꿈과 우정을 바탕으로 2007년 7월 26일, 양평 '아나톨레펜션'의 '원두막'에 옹기종기 모여앉아 (이광녕, 금동춘, 조영희, 유기충, 정태은, 배정자, 송태남) 등 동인 7인의 문심을 모아 '원두막문학회'로 발족하였습니다. 그리하여 2007년 9월 20일 제1회 모임을 갖고 회칙을 제정, 발휘하였으며, 장족의 발전을 거듭한 끝에 현재는 '세종문학회'라는 뿌리문학의 커다란 집을 짓고 문단의 선두주자로서 주목을 받고 있습니다.

이제 원두막의 시심을 거쳐 세종문학회가 출범한 지 어언 8년으로 접어듭니다. 시인은 생활 주변에 맑은 샘물을 공급해 주는 순수 생명의 전도사입니다.

'세종'의 샘을 파 놓고 함께 두레박을 통해서 생명수를 걷어 올리며 바가지 속에 담은 하늘의 구름을 엮어가는 세종문학인들의 삶은 우리 주변을 정화시키며 사회적 환경을 변화시키는 것은 문학의 신비가 아닐 수 없습니다. 그런 의미에서 이번에 발간되는 〈세종문학〉창간호는 많은 의미를 지니고 있습니다.

이번 〈세종문학〉창간호 발간은, 마음 곳간에 차곡차곡 쌓아두었던 회원님들의 숨결이 빛나는 소중한 혜안과 훈훈한 정성들을 모은 결정체이기에 값지고 매우 큰 자긍심을 가집니다.

그동안 〈세종문학〉창간을 위하여 여러 방면으로 노심초사 힘 써주신 회원여러분들의 노고에 깊이 감사드리며, 이 동인지가 우리 사회를 밝게 비춰주는 문학의 거리에 환한 빛이 되기를 기대합니다.

| 격려사 |

세종문학의 꽃을 피우다

세종문학학회 고문 이광녕

우리 세종문학회가 출범한 지 어언 7년이 되었습니다.

처음에 '원두막'에서 시작되었던 우리 문학회가 이렇게 성장하여 '세종'으로 변모하고 동인지까지 내게 되었으니 참으로 감개무량합니다.

'동인(同人)'이란 뜻을 같이 하는 사람들을 말합니다. 문학에 대한 열정과 탐구정신이 아주 강한 문우들끼리 모여 원두막에서 오순도순 정을 나누며 서로 작품을 교환하며 합평을 하던 때가 어제 같습니다. 그런데 어느덧 세월이 흘러 큰 집을 짓고 세종 전당의 주인이 되었습니다.

'세종정신'은 우리 문화, 우리 뿌리 글과 말을 살리고 고양시키는 데 있습니다. 요즘 일부 젊은층 문인들 중에는 우리 고유의 전통시나 문화에 무관심하거나 무시하는 경우가 많습니다. 물론 젊은이라고 해서 다 그런 것은 아닙니다. 나름대로 신세대다운 재치와 유머가 있어 새로운 멋을 창출해 내기도 하나 정성과 연륜이 적은 인스턴트여서 그윽하지 못합니다. 세종정신은 '법고창신(法古創新)'의 정신입니다. '세종문학회'는 우리 선조들의 뿌리 정신을 이어받은 문학의 산실이며 민족혼의 본향이라고 생각됩니다. 이 세종의 집에서 우리의 민족의 혼을 살려내고 문학의 꽃을 피워야 하리라 생각됩니다.

맛깔스런 식당을 찾다 보면 '무슨 할머니집', '무슨 이모네집'이란 간판을 가끔 보게 됩니다. 그럴 때 마땅한 식당을 찾는 정겨운 시인들의 마음은 어떨까요? 같은 값이면 그런 집으로 발걸음이 끌립니다. 정겨움의 맛을 잘 모르거나 정서의 밑바닥이 메마른 사람들은 몰라도 향수를 그리워하는 이들의 마음은 그런 곳으로 향합니다. 할머니나 대리 이모님의 손맛으로 지어주는 밥도 먹으면서 정겨운 말 한마디라도 나누고 싶어할 것입니다. 우리는 숱한 인고의 세월을 겪어내고 지혜를 일구어낸 조상들의 오랜 경륜과 뿌리 정신을 존중해야 합니다. 우리의 뿌리 향수에는 조상들로부터 이어받은 우리의 참멋과 참맛이 고여 있습니다. 그리고 그 뿌리 향수에 젖어 밥을 먹고 음미할 때, 비로소 입맛이 돋아날 것입니다.

증자(曾子)는 "君子(군자)는 *以文會友 以友輔仁*(이문회우 이우보인)"이라 하였습니다. 글로써 벗을 모으고, 벗으로부터 얻어진 덕을 본받아 쌓는다는 말입니다. 바람직한 문인은 인생에서 만나는 문우들을 귀히 여기고 거기서 인격의 완성을 도모하는 것입니다. 우리 동인끼리는 험한 인생을 헤쳐나가는 삶의 동반자요. 서로가 서로의 인격을 완성시켜 주는 공동운명체인 것입니다. 오순도순 원두막에서 글로써 인정을 나누고 글로써 서로 교유함으로써 성장하여 이제는 문단의 중추적 역할을 감당하면서 촉망 받는 후학 문인들을 배출하는 세종이 되었습니다. 이번에 탄생하는 창간동인지 〈세종〉은 그런 의미에서 대단히 뜻 깊은 의미를 지니고 있습니다.

세종은 영원하고 그 뿌리정신의 밑바탕에서 문학의 꽃은 활짝 피어날 것입니다. 동인지 창간을 진심으로 축하드리며 이 책이 세종발전의 시금석이 될 것을 굳게 믿고, 세종의 무궁한 발전과 문우들의 건필과 문운을 빕니다.

| 축 사 |

세종 정신의 산실

문학의강 발행인 겸 회장 신길우

세종은 문화 문명의 발전을 일으킨 대왕이십니다.
특히 한글의 창제는 세계적인 위대한 업적입니다.
한글은 문자를 소리와 일치시켜 매우 효율적입니다.
소리 따라 적고, 글자 따라 발음하면 소리가 됩니다.
그래서 어느 언어이든 적지 못할 것이 없습니다.
그래서 문자가 없는 민족들이 빌려 쓰고 있습니다.
한글은 컴퓨터 세상에서도 가장 효율적인 문자입니다.
세종은 지금도 한글로 인류 문화에 기여하고 있습니다.

이를 계승하고자 한글로 글을 쓰는 문인들이 모였습니다.
이름도 세종을 기려 '세종문학회'라 하였습니다.
백성을 어여삐 여겨 한글을 만드신 뜻으로 창작하고
편안하게 하고자 하는 정신으로 문학지를 만든답니다.
바람소리 학울음까지 적을 수 있는 한글로 작품을 쓰고
온 세상 사람들을 위한 세종의 정신을 빛낼 것입니다.

문학은 문자로 짓고, 작품은 글자를 따라 읽힙니다.
우수한 문자로 훌륭한 정신을 담은 문학은 빛날 것입니다.
꿈이 있어 출발하고, 별을 품어 희망이 있습니다.
달을 바라보며 기원하고, 해를 향한 모습 기대합니다.
세종의 뜻으로 참여하는 문인들의 열의를 격려하며
세종문학의 창간과 함께 빛나는 발전을 기원합니다.

이 광 녕

- 아호 : 효봉(曉峯), 문학박사, 시조시인, 수필가, 문예창작 교수
- 한국가곡작사가협회(회장), 강동문인협회(고문), 세종문학회(고문), 한국시조사랑시인협회(부회장), 월하시조문학회(전회장), 녹색문인협회(심사위원장), 한국시조시인협회(전사무총장), 전통문화지도사

- 시집 및 이론서 : 시집 〈당신의 향기 묻어〉외 다수, 〈현대시조의 창작기법〉외 논문 다수
- 가곡 작사 및 찬송가 발표 : 노래시집 〈시는 노래가 되어〉(공저) 외 20권 가곡 〈님이여 오시려나〉외 80여 작사곡 공연 발표, 찬송가 20곡 발표

- 전화 : 010-5411-6961
- E-mail : hyobong2102@hanmail.net
- 주소 : 서울시 강동구 명일동 삼익그린 502동 611호

금

벽에 금이 가는 것은
바깥이 그리워서다

깨어진 항아리는
참자유를 얻었나니

너와 나
금이 간 것도
벽을 허문 몸짓인 걸.

끈

당기면 절로 붙고 퉁기면 눌러 붙고
갓끈을 고쳐 매니 댕기머리 슬퍼 운다

천생을
지고 오르는
비탈길의 너와 나

꽃잎은 피나마나 낙엽도 지나마나
세월은 무심하여 주름살도 멋쩍은데

어쩌랴
끊을 수 없는
이 끈적한 외줄타기.

손녀의 그림

피카소다 인상파다
눈썰미가 톡톡 튄다

한번 보고 쓱쓱쓱
거침 없이 그려내니

할애비
못 이룬 꿈도
네 손 안에 있구나.

깨

너무 깨 쏟아지면 진득 사랑 깨진다네
깨소금 양념하며 으긋이 맛봐야지
섣불리 털리고 나면
쪽박 사랑 신세라네

깨라고 늘 나오나 다 털리면 그만이지
함박 깨 쏟지 말고 깨끼춤 추지 말고
깨사랑 뚝배기에 담아
야금야금 맛보세.

기도의 응답

개미나라 정탐꾼을 종지 속에 집어넣고
참수할까 척살할까 요리조리 궁리하자니
어허라 요놈 거동 보소
하늘 보고 기도하네

하늘 보고 꾸벅꾸벅 애걸복걸 절하더니
전신눈물 쏟아 내며 방언하는 가는 허리
오호라 긍휼을 베풀자
나는 너의 하나님.

군불 때기

빛바랜 설렘도 마음먹기 나름인데
첫사랑 굳은 언약은 굴뚝 심지 아니던가
세월은 삿대질하며 시샘하듯 투정하네

냉가슴 티격태격 찬바람에 등 돌릴 때
입김 불어 군불 때며 둘둘 말아 뒹구르면
미운 정 고운 정 되어 냉골 되레 따숩나니.

꽃이 핀 이유

출근길 팔랑팔랑 패랭이꽃 한 송이
해맑은 웃음 짓고 살랑살랑 고개 든다
날보고 힘내라면서 방긋 미소 건네준다

그 모습 뽐내려는 몸치장은 아닐진대
추한 꼴 뒤로 하고 밝은 세상 만들려는
하나님 깊으신 배려 뿌리신 게 아닐까.

윤범이 오는 날

윤범이 오는 날은 대문 밖이 시끄럽다
유모차 내리면서 온 동네를 들썩이며
할애비 어서 나오라 어사출도 호령한다

윤범이 오는 날은 수염 깎고 손을 씻고
따갑다고 내칠까 봐 행여 잡티 묻을까 봐
볼비빔 끌어안은 정, 천정까지 출렁인다

할애비 기도 속에 하늘 영광 이어받아
튼튼 기둥 되고 지고 빛과 소금 되고 지고
핏줄로 엮어진 사랑 무럭무럭 자라나라.

금 동 춘

- 아호 : 동당
- 용인대학교 졸업
- 경찰공무원 정년
- 2008년 2월 문예사조 자유시 등단
- 세종문학회 고문
- 한국문예사조 회원, 한국문인협회 회원
- 시집:「버려진 그들과의 화음」 외 공저

- 전화 : 010-4903-1884
- E-mail : 46dongchun@hanmail.net
- 주소 : 경기도 남양주시 진접읍 진벌로 85-2
  신창비바리웨밀리아파트 104동 1401호

아내

돌돌돌
재봉틀이 가쁜 숨을 몰아쉰다
틀어 진 칠순고개
굽은 등 시러워서
한 번 더 촘촘 여미는 이음질이 따스해라

숱하게 부러지고
숱하게 끓인 속앓이
기름쳐야 갸우뚱 돌아가는 가슴앓이
처연한 그대 눈꺼풀 내 어찌 쳐다볼까

순종과 사랑으로
한 땀 한 땀 꿰어 온 당신
밤 이슥 바라보는 피울음 이내 심정
당신의 외로운 자리 그 실이 될까하오.

기호의 사랑이야기

당신과 나
처음 만나
기호 =로 마주 앉아
사랑을 탐색하던 때 생각나나

먼
앉은 자리가 답답해
−로 슬며시
비좁게 끼어 앉으며
사랑의 농도를 도둑질하던 때
당신 왜 가만 있었나

어느 순간에는
+−×÷의 변수로
면도날처럼 다그칠 땐
살얼음의 한기에
몹시도 콜록 거렸었지

그래도 용케
이제는
ㄴ으로 헐렁히 앉아
객쩍은 소리에도 허허거리며
만만을 펴는구려.

손톱에 낀 때

나 어릴 때
코딱지처럼 붙어 다니던 까만 때
그동안 얼마나 대롱거렸으면
화분 흙 하나 갈아 주지 못하는
빠듯한 삶이었나. 헤아려 보는
잃어버린 동심의 파닥거림이
여직 손톱 밑에 웅크리고 있었음을 본다
밀 서리 감자서리로 애태워서
콧구멍까지도 까맣던
그 개구짐으로 바지런을 떨며
허기진 물 트림으로 펴 올리던 날들이
살찐 병病을 타박하는 포시라움에
손톱에 색동을 입히고
흙이 허하다는 헛된 망상에 젖어
다 짜먹은 찌꺼기를 화분에 얹어 주었다
연민의 가당찮음이
된통 몸살을 앓게 하였으니
흙을 갈아주는 부산함으로
잠시 자정을 돌아보며
땡볕 그 너머를 가꾸어야 할
손톱 밑의 때가 일러주는
지저분히 까맣다는 색의 거칠음을
몸 사리지 않는
역동적 삶의 지게를 깨운다.

봄날의 성찬

물안개 자욱한 봄 들녘에 퍼질러 한상 훔치나니
이 빠진 묵사발이라도 좋고 찌그러진 양은냄비면 어떠랴

뽀송한 찰진 이밥에
텃밭에서 갓 뽑은 열무 상추랑 깻잎 어석어석 잘라 넣고
울타리 너머 바람난 쪽파 정구지도 한 움큼,
겨우내 눈밭에서 원기 돋운 뒷산 원추리 진달래꽃
앞 개울가 능수버들 한 잎도 곁들여 춘정을 불러 일으켜
디딜방아 한 소리 쿵더쿵 깨소금 고솝게 쳐
울렁 가슴을 진정시키고,
폭 삭은 된장, 고추장도 한 숟갈 떠서,
꼭꼭 쥐어짠 며느리 설움도 한 방울 뚝 떨어뜨려
애오라지 강물에 정선아리랑 한 곡 섞어주면

백두대간 어디쯤 맨바닥 엄동을 등대고
보릿고갤 짊어지고 괭이질이 맥동하는
올림픽 월드컵 인공위성 영화 드라마 야구 수영 체조 골프 등
수도 없이 자아올리는 한류의 맥박

세종대왕이 만들고 세계인이 부러워
강남스타일로 격동하는 세계 으뜸 글 한글창제의 벅찬 맛일
까
시앗 육정이 몸비듬치는
억장 문드러지는 고초당초 그 맛일까.

성형 연가

오뚝한 코
봉긋한 가슴
실리콘의 탱탱한 발상은
애교롭더니

급속한 지구 온난화의 부음에
발라내고 끼워 넣는
추상적 한계까지도 넘는
탐미적 외형주의 바람이

자아를
통째로 바꾸는
개똥별 줄기세포와 전자 칩의 동침은
혼외정사의 창생까지도 뻗쳤으니

태생적임을 역습하는
"예뻐야만 산다."는
정론이 허구라는
진화와 창조
그 모호성이 공생을 말하네.

고부 갈등

한치 앞도 가늠할 수 없는
잿빛 시야
부러 쉬로 밀어본들
늘어진 바람의 연실은
페달의 기능은 잠정 패쇠 당하여
유지속도를 말동거려 보지만
시시때때로 끼어드는
시어머니의 킁킁거림에는
가슴이 오그라들고
반사작용은 브레이크를 닦달한다
핸들도 멈춤도
이미 내 의지를 벗어나
스르륵스르륵
앞차를 빗겨 옆 차를 돌진한다.
눈을 꼭 감았다
절정의 쾌감을
온몸으로 담아내는 며느리의 갸륵함인가
치맛자락 너울의
한 겹 틈으로 화친을 이룬다
잠정휴전에 든 허전함에
펑펑
눈이 하염없네.

막장 인생

배가 고팠던 시절에
가족들은 흩어져 살아야 했었지
그때도 힘이 없는
기집애는 정리해고
일순위였지

민심이 천심인데
돈 좀 있다고 권세 좀 부린다고
인간은 믿을 게 못 된다며
이 구석 저 구석 모이지 말고
흩어지라시는 구려

G-20
덕지덕지 찐 살덩이들
등쌀에
다이어트 열풍이
노동자를 비갯덩이 취급이다

역사는 바뀌지 않는 불변인가
정리해고 칼바람이
불어 닥칠 때마다
거품 인생들
시름이 깊어진다.

마애삼존불의 미소

꽃바람 안아주니 찬 서리 더웠을까
육백년 자국마다 안김은 쉬웠으리
부처님 자비한 미소는 모자람이 없어라

겹벚꽃 흩날림은 삼천궁녀 낙화련가
계륵의 삼 충신은 충절이 곧았으리
반월정 깃든 낙조는 세태만안 보듬네

광활한 빛의 들녘 생동의 몸짓인 듯
파란 서해갯벌의 살가운 물빛들을
무량의 소담함으로 반겨주는 미소여.

조영희 (曺英姬)

- 아호: 餘月亭
- 제28회 전국시조백일장 시조부문 최우수 입상
- 한국문인협회, 한국시조시인협회 회원, 한국시조사랑시인협회, 강동문인협회 이사, 세종문학회 회장, 시조문학 문우회 회원
- 제18회 선사문학상 수상, 2013 시조사랑협회 작품상 수상 제6회 오늘의 좋은 작품집상 수상
- 現 강동예술인총연합회 사무국장
- 시집 「허공에도 길이 있다」
- 시조집 「시간의 사슬」 外

- 전화 : 010-5029-8530
- E-mali : cho6530@hanmail.net
- 주소 : 서울시 강동구 리버파크 309동 308호

빈 가슴

빗물에
불어 터진
앙가슴 풀어 제쳐

자유에
지친바람
받아 안고 말리려다

모질은
장대비에 쓸려
떠내려간 빈 가슴.

달무리

그리움
당기려다
숨이 차 줄을 놓고

숨은 뜻 무게만큼
잠이든 하늘 끝에

비켜선
별빛 사이로
밤을 들춘 달무리.

어느 날 바람은

햇살의 무게보다
바람이 무거운 건

삶다가 태워버린
여름 볕 대린 마음

굽어갈
등줄에 매어
이 하루도 업고 간다.

깻잎 한 장

여름 볕에
마음이 급해서
대만 웃자라 키만 컸다
깨알만한 소문들만 초롱초롱 매달렸다
어느 날
어깨를 꾸욱 쥐어주는 가을볕에
그만, 눈물 많은 마음, 등 돌려 내어주고
소문들은 쪼그라져 말라 떨어졌다
키가 크면 실속이 없는 거라고
아픈 만큼 성숙하게 영그는 것이라고
철이 들어 색깔이 짙어진 깻잎 한 장
진한 향기 들녘에 뿌리며
코를 후벼댄다.

生日

살아가야 할 삶이
버둥거려야하는 숱한 고뇌속의
웃음보다 울음 삼키는 일이라는 걸
졸아드는 어머니 가슴
솟아오른 붉은 눈물 앞에
어쩜
어머니 핏줄에서 떨어져 혼자되던 날
멋도 모르고
넓은 세상 달갑고 살갑게 살겠노라고
당차게도
처음으로 소리 내어 울었다지요

내, 눈물 없는 울음소리와
어머니, 소리 없는 눈물과는
그다지도 다르지요!

구부러진 지팡이

발자국 하나를 더 만들어
걸어가는 어머니 뒷모습
토방에 놓인 작아진 털신만큼
자연을 닮아가고 있다
밟혀도 수줍은 질경이보다
굴뚝 옆의 이름 없는 작은 꽃잎보다
호사스럽게 웃어보지도
큰 세상 넘보지도 않은 세월
시집 올 적 열아홉, 그대로 그렇게
뜨겁지도 붉지도 않게
손등에 고랑으로 엮인 농 익은 시간들
자꾸만 자꾸만 지팡이보다 낮게 엎드려
흙냄새를 맡으며 걸어가신다.

사심

식다만 생각들을 어디에다 버리련가
가슴 속 부어있던 사랑마저 버리려만
한 평도
내 땅이 아니라
버릴 곳이 없단다

찬바람 막는다고 사방을 두른 담은
길도 막고 가로질러 햇빛도 막아 놓고
어느 편
봄은 오는가
귀만 쫑긋 세웠다.

나목 위에 핀 설화

어느새 봄인데
낮이 짧아 밤에 밀려난 시간
내 검은 눈동자 안에 함박눈이 가득 쌓였다
그만, 내 가슴 속에 핼쑥한 그리움도
어둠을 깨는 나신이 되어 하얀 눈을 맞는다
헤일 수 없는 숱한 지난 날들은
하늘에 펴 놓고 색깔을 고른다
겨우내 찬 기운에 밀려 무색이 된 사연들
이 밤
밤과 낮의 결도 없이 쓸어서 눈발로 날리고
피안의 어둠은
밝은 빛이 되어 천사처럼 날고 있다
그 무엇도
반짝반짝 눈이 부신 허공 속에서
저 헐벗은 나목은
푹신한 솜이불 한 자락 펴고
하얀 심연의 꿈을 조각조각 맞춰놓고는
온몸을 순백의 꽃으로
백합향기 그윽한 신혼 밤이 되었다.

정 태 은

- 아호: 진산(眞山)
- 1946년 경북 경주에서 출생
- 경기도 양평군 용문면에서 펜션 운영
- (사)대한민국 국보문학협회 정회원
- 세종문학회 회원

- 전화 : 010-5282-0414
- E-mail : jt7650@hanmail.net
- 주소 : 경기도 양평군 용문면 삼성리 542번지 아나톨레 펜션

산골의 아침

뻐국 소리 첫 신호로 밝아 오는 아침 햇살
풀 나무 싱글벙글 너도 나도 새 옷 입고
오늘도
눈부신 아침,
생명 노래 부른다

인생은 강물 같이 흘러가는 여정이요
날마다 새로운 세상 초행길 여행인데
선물로
받은 새아침,
감사하며 길 나선다.

그랜드 캐년

땅에서 솟아났나 하늘에서 내려왔나
겹겹이 시루떡에 층층이 탑들인데
발밑은
아찔한 천길
오금이 저려온다

아득한 저 멀리와 눈앞의 여기까지
이몸이 새라면 구석구석 가 볼 텐데
조물주
위대한 솜씨에
벌어진 입 못 다문다.

아버님 무덤

나무 풀 우거진 골 홀로 계신 아버지
생전엔 나를 반겨 맞이하여 주셨는데
오늘은
어이 이렇게
외면을 하시온지

아들을 편들어서 야단치던 아버지
억울한 내 사정을 당신께 아뢰고픈데
아들이
이제 다 컸다고
외면을 하시네요

세월이 흘러가서 나도 아버지 되었으니
당신의 사랑을 내 아들께 전합니다
아들도
내 무덤에 와서
임의 사랑 잇겠지요.

한가위 보름달

휘영청 밝은 달은 내 어머님 얼굴인가
온 가족 다정한데 어머님은 숨소리뿐
지금은
저 달속에서
나를 보고 계시온지

언제나 염려하며 기도로 지새던 임
오늘도 자식 사랑 달빛으로 비치시네
당신의
뜻을 기리어
햇빛 삼아 살으리다.

산비둘기

내 고향 뒷동산에 구구구 너의 노래
음정 박자 그대로네 오늘도 그때 노래
어린 날
그때의 친구도
너와 함께 만났으면

정든 친구 어디 가고 나만 홀로 여기 있나
헤매며 살아온 길 까마득 멀고먼데
네 노래
구구구 소리에
내 어린 날 그린다.

가을 문턱

맴맴맴 노래 소리 잦아든 산골짝에
귀뚜라미 대신해서 노래를 부른다
저들도
때를 알아서
세월에 맞추네

인생도 때를 따라 가야만 하건마는
세월을 감추려고 온 힘을 다 한다
감추려
애를 써 봐도
막을 길은 없는데

세월을 거스를 자 그 누구 있으리오
조물주 뜻에 따라 가야만 하는 것을
그 분의
섭리 앞에서
머리를 조아린다.

두더지

지름길 있는데 땅을 파는 미련퉁이
제 분수 지키려고 오늘도 땅을 파네
사람은
얍삽한 교만에
온갖 꾀를 다 쓴다

잔꾀에 넘어져서 편한 세상 될 만한데
모두 다 자빠져서 온 세상이 정신 없네
뒤엎은
세상 사연들
두더지가 선생님.

유 기 충

- 아호 : 靜雪
- 1946년 충주에서 출생
- 연세대학교 대학원 졸업
- 신동아전자 부사장 근무(전 경력: 한미은행 본부장)
- 세종 문학회 부회장
- 문학세계 문인회 회원

- 전화 : 010-3747-3337
- E-mail : kaycey@korea.com.
- 주소 : 서울시 강동구 고덕로 131 롯데캐슬아파트 113동 1101호

눈 내리는 밤

씽씽 우는 전봇대 신작로 갓길 따라
곱은 손 호호 불며 고향집 들어서니
빛 바랜
책갈피 속에
고이 접힌 파란 꿈

어눅한 하늘가에 눈발은 흩날리고
망각도 치유라며 둘러앉은 화롯가
고구마
익는 내음에
함께 타는 그리움.

진달래꽃

치마폭에 감춘 사랑 님이 알까 수줍어서
겹겹이 쌓인 숨결 울긋불긋 미소짓고
연분홍
입술 찍으며
꽃동산을 수놓는다.

꽃향기 뒤로 하고 온 길로 떠나간 님
맺힌 한 터뜨리며 잊으려 애쓰건만
그리움
울컥 토하며
산불로나 번지네.

코스모스 애가哀歌

검정신 통치마에 코스모스 심던 소녀
찡하게 생각난다 애틋한 그 외마디
군용차
흙먼지 길에
영혼 주고 떠난 너

무던히 길던 오후 소양강 일렁이고
비명의 긴 그림자 길가에 누웠는데
해마다
서러운 길섶
꽃넋 되어 붉게 핀다.

회한悔恨

그럴싸 번듯한데 아닌 듯 늦었는가
지난 날 귀히 여겨 새것을 스쳐감도
은은한
혜안을 빌어
쉬이 넘는 고갯길

청운의 그리움은 내공으로 일렁이고
갈기진 야망이야 무수한 가슴앓이
비스듬
저녁노을에
이즈러진 꿈이여

마디진 믿음으로 인연의 끈을 삼아
굽이진 험한 세파 의연히 대처함도
세월이
행여 되올까
기다리는 마음이라.

여운餘韻

어설피 지난 세월 기억의 편린인가
터질 듯 맺힌 여한 멍울져 저미는데
청운은
갈피를 잃어
마음 둘 곳 더 없다

교교히 넘나들던 한 줌 햇살 뒤안길엔
천 년을 지고 되산 늦사리 뜨는 야망
아쉬움
기지개 켜며
하늘빛을 엿본다

가르마 외길녘엔 일렁이는 갈대의 숲
열화의 시새움은 마디마디 바랬어도
노을빛
머무는 들녘
그리움만 뒹군다.

우중雨中의 여인

"장~대 같이 쏟아지는 밤비를 헤치며, 나의 창문을 두드리며 흐느끼는 여인아~"

소양강변에 위치한 3보충대(신병 대기소)를 스쳐간 사람에겐 즐거운 기억만이 있는 곳은 아니다. 이곳에 머무는 2~3일 동안 가장 큰 관심사는 "어느 부대로 배치되어 편한 군대생활을 할 수 있느냐"하는 운명이 결정되는 중요한 시기이다. 사령부 정도의 상급부대를 은근히 원하지만, 최악의 경우 철책선(DMZ) 근무만이라도 피할 수 있기를 내심 고대하며 떠나온 고향을 잠시 잊는 순간이기도 하다. 대기병들 사이에 "인제 가면 언제 오나, 원통해서 못 가겠네"라는 노래가 불려지는 이유는, 그곳이 가장 오지로 분류된 지역이기 때문이었다. 그런데 어쩌랴~! "모난 돌이 정 맞는다"고 나에게 배정된 곳이 바로 인제와 원통을 지나 그곳에서도20km 정도 더 첩첩 산 중 깊은 곳에 위치한 부대란다. 현기증이 스쳐가는가 싶었는데 다리에 힘이 빠지며 긴 한숨이 새어 나왔다.

화덕냄새 풍기는 점심식사를 하는 둥 마는 둥, 전입동기 5명과 함께 겁 먹은 표정으로 군용 트럭에 올라 탔다. 뽀얀 흙먼지를 뒤집어 쓴 채, 인제를 거쳐 서운한 마음이 든다는 원통 검문소를 지나고 있었건만 우리 모두는 체념을 곱씹고 있는 듯 말 없이 하늘로 이어진 험한 산세만 바라보고 있었다. 어려운 일을 당하게 되면 체념하기 까지가 힘들지 그 다음엔 오히려 평정이 온다고 하지 아니 했던가? 귀가 먹먹해지기를 수없이 반복하며 좁은 산길을 6시간 넘게 달려온 군용트럭이 "민간 출입통제소"를 지나 도착한 곳은 위장망을 삐져나온 포신(대포)이 하늘을 향하여 솟아 있는 포병

부대였다. 어둑해 지는가 싶더니 아직 8월의 끝자락인데도 서늘한 한기가 코 끝을 스치고 지나갔다. 일기예보 시간에 최저 기온과 최대 강설량으로 거론되는 향로봉이 동쪽에 자리잡고 있으며, 남쪽은 설악산의 굵은 줄기들로 둘러 쌓여 있어서 마치 병풍을 둘러 놓은 듯 했다. 과연 내가 받을 소식들이 저 높은 산들을 넘어올 수 있을까 하는 두려움으로 가슴이 서먹해졌다.

눈칫밥 먹으며 살다 보니 국방부 시계는 쉬지않고 돌고 돌아 2년이 지난 어제, 이곳에서는 부대 창설이래 가장 큰 행사가 있었다. 우리 부대장은 중령인데 군단장을 비롯한 여러 상급부대 장성과 외빈들이 참석한 가운데 신소위의 영결식 나팔소리가 이 좁은 골짜기에 장엄하게 울려 퍼졌다. 관측지(OP)를 답사하던 신소위가 남방한계선 부근에 설치된 녹슨 부비-트랩(지뢰)이 폭발하는 바람에 24세의 꽃다운 나이로 그 일생을 마감한 것이다. 그 당시만해도 군사정권 초기라 초급장교의 영결식이지만 근엄하게 거행되었다. 많은 장성들과 외빈이 참석할 것이라는 통보를 받은 부대장은 바짝 긴장하여, 전 장병을 닥달하며 막사와 시설물, 그리고 부대 진입로와 연병장 등을 밤 늦게까지 정리하였다.

산으로 빙 둘러쌓여 눈에 보이는 하늘이 천 평도 안 될거라던 고참들의 말처럼, 깊고 으슥한 산속에 위치한 연병장은 꽤나 넓어 보였지만 사실은 시골 초등학교 운동장 만한 크기였다. 평소에는 연병장 이곳 저곳에 황소엉덩이에 달라붙은 오물처럼 이름 모를 잡초들이 무더기로 지도를 그리고 있었을 텐데, 어제 행사 덕분에 말끔히 지워져 있었다. 길고 힘든 여름의 하루가 무덥게 지나갔지만 기상나팔은 어김없이 피곤한 아침을 깨웠고, 태극기에 덮여 이곳을 떠난 신소위의 영혼을 위로하려는 듯 아침부터 비가 내리더니, 연병장 곳곳에는 물이 고이고 그 위에 떨어지는 빗방울은 사이다처럼 연신 작은 물방울을 튕기고 있었다.

연병장 건너편 사무실에서 어제 행사의 허탈감으로 힘들게 오전을 보내며 무심히 밖을 내다보고 있던 나는 눈이 번쩍 뜨이는 장면을 목격하였다. 마치 천사가 다가오는 것처럼 단아한 옷차림의 젊은 여인이 우리 사무실을 향하여 사뿐사뿐 걸어오지 않는가? 이곳은 면회 오는 가족들 조차 민통선 밖에 나가서 만나야 하는 구역이라 아낙네는 고사하고 할머니만 보아도 모두 처녀로 보인다는 것이 우리들의 자조적 농담이었다. 더구나 부대 안에서 옅은 보라색 투피스에 하이힐을 신은 여인의 모습이란 영화 속에서나 볼 수 있는 장면을 보는 듯 했다. 우산도 없이 걸어오는 그 여인의 어깨 뒤로 안소위의 애처로운 표정이 실루엣을 이루었고, 빗물로 촉촉히 젖은 그녀의 옷은 거의 남색으로 변하여 우리 사무실 안에서 멈추어 있었다.

안소위는 느닷없이, “유병장~ 이분 좀 잘 모셔!”하고는 황급히 나가버렸다. 영문을 몰라 어정쩡하게 그녀를 바라보고 있던 나는 순간적으로 청순한 그녀의 얼굴에 매료되어 순간 가슴이 두근거리는 가운데 나도 모르게 침을 꼴깍 삼키고 말았다. 그 소리가 어찌나 크게 들리던지 그녀에게 들킨 것 같아 얼굴이 화끈거렸다. 매일 후덥지근한 녹색의 구릿빛 얼굴만 대하다가 젊은 여인의 도톰한 입술과 적당한 가슴의 볼륨을 보는 순간 나의 원초적 본능이 흔들리고 있음을 느꼈다. 정신을 가다듬고 “누구 일까?”하며 마음을 진정시키려는 그 때, 그녀가 젖은 머리카락을 차분히 쓸어 올리며 내게로 다가와서는, “저~ 신소위 누나 되는데요~.”하며 가볍게 떨리는 그녀의 목소리를 들었다. 갑자기 밖에서는 천둥소리가 요란하게 울렸고 그 다음은 아무 기억도 없었다. 어렴풋이 “동생이 근무하던 사무실을 보고 싶다”는 것과 “동생과 함께 있는 사진 속의 유병장이

맞느냐?" 는 것 같았는데 아무런 소리도 들리지 않았다.

비옷을 걸치는 것도 잊은 채 밖으로 나와, 어눌한 모습으로 나는 그녀를 안내하고 있었다. 우측 소로를 따라 5분정도 올라가면 언덕 위에 반 지하로 축조된 건물이 신소위가 근무하던 상황실이었다. 계속 내리는 빗속을 앞서 올라 가던 중 그녀가 소로 옆 왼쪽에 설치된 야전천막 앞에서 발길을 멈추었다. 이 곳은 신소위의 시신이 안치되어 몇 밤을 지새며 영결식을 기다리던 곳이다. 영결식 전날 비보를 듣고 달려온 간호사인 그녀가, "동생은 결코 죽지 않았다"며 관 뚜껑을 열어 달라고 울부짖다 실신해서 구급차에 실려갔다는 이야기를 들었다. 등골을 타고 흘러내리는 빗줄기의 서늘함도 잊은 채 나는 그녀의 옆 모습을 바라보며 은근히 길을 재촉하였지만 그녀는 미동도 하지 않았다. 딸만 내리 다섯을 낳고 막내로 얻은 외아들 신소위, 온 가족의 소망이자 빛이었고 어머니에게는 하늘 같았던 그 아들이었다. 그녀는 동생의 영혼을 만난 듯 그가 누워있던 곳을 응시하며 무언가를 나지막이 속삭이고 있었다. 짧은 침묵 속에 그녀의 어깨가 가볍게 떨리는가 싶더니 갑자기 오던 길로 황급히 뛰어 내려가고 있었다.

앰블런스에 실려가 영결식도 참석하지 못했던 그녀.
내게 들어가라 손사래를 치며 빗속으로 사라져간 그녀.
한 마디 인사도 못한 채 우두커니 서있어야만 했던 나.

점점 거세지는 빗줄기는 넓은 연병장을 건너가는 가녀린 그녀의 어깨를 세차게 때렸고, 설악산이 흘려 보낸 낮은 구름은 보라색 잔영을 뿌옇게 지워가고 있었다.

배 정 자

- 1953년 출생
- 1995년 12월 문예사조 수필 등단
- 1999년 1월 문예사조 시로 등단
- 강동문인회 이사
- 세종문학회 부회장

- 전화 : 010-4715-9580
- E-mail : bjj210@hanmail.net
- 주소 : 서울시 강동구 명일동 삼익가든 7동 806호

포도나무는 전설을 꿈꾸다

무성한 7월의 꿈이 있었지
넓고 푸른 차양을 잃었을 때에도
빈 껍질의 말 박혀 기다림 잃었을 때에도
하늘 위 뻗어 나가는 반듯함으로 세워져
까맣게 그을은 세월 묵묵히 견딜 수 있는
그리하여
비를 품은 구름을 맞이하고
눈이 오면 눈과 함께
생명의 샘 빨아들이는
그 꿈 있었지

사랑 진액 다 덮여 지도록
그 손 놓치지 않으리
땅과 하늘아래 팽팽히 두 손 맞잡아
작은 흰 꽃 소근대며
꺼칠한 가지 사이로 스며드는 봄노래
주저리 전설의 큰 열매 어깨에 메고
그 꿈 내게로 돌아오던 날
연두물로 몸단장하고 그를 맞는다
붉은 가락 알알이 뽑아
그를 맞는다.

바람개비 왕국

날자 날아보자
날고 싶은 꿈의 높이로
돌자 돌아보자
바람의 카펫을 타고
삼백육십도 돌아 본 세계는 어떤지
그 어느 곳에 유토피아가 머무르는지
장대 높이로 앉아
나비의 여린 날갯짓 파닥여
커다란 에너지를 몰아보자

날고 싶은
꿈의 높이로….

내안에 핀 자수정궁전

밤하늘
뭇별을 끌어와 치장한 듯 부신방
저, 벽에다 등 붙이면
너와나 한 뼘의 거리도 없다
비바람도 쓸려간 듯 흔적조차 없고
내 소리 스러지고
비워내고 비워낸 그 자리
가슴을 쿵쿵 울리던 눈송이의 노래만 남았다
흠도, 티끌도 말갛게 지워
얼음꽃 고웁게 피워놓은 자색방
바다에 밀려 떠내려온
핏빛 고드름
말간 눈 떠
깨어나고 있다
내안에서….

봄의 왈츠

아슴한 봄볕 한 웅큼 받아 핀
목련, 산수유, 복사꽃
봄의 지휘봉 따라 성스러운 가운 입고서
소리를 모읍니다
꽃봉우리 오므렸다 폈다
까치발 딛고 동그란 입술 열어
혹은 고음을
제비꽃 되어 낮게 지지배배 받쳐주며
수천개의 연보라 향주머니 피워
팡파르 울리려는 라일락
지휘하는 손 끝 따라 이파리는 제 입을 감추기도
높, 낮은 음으로
4월의 봄꽃 저마다 '끼'로 분주하네요.

남산의 자물쇠 트리

남산을 올라가면 자물쇠 트리 있어요
거센바람 막아
오롯한 꽃의 말 감싸 안았지요
눈물 눈 하얗게 피면
눈설탕 되어
소나무에 살그머니 내려앉아
이불되어
덮어주죠
별을 세며
달과 함께 강강술래 하면서
한 해 두 해 긴 날
헤쳐나가노라면
5월의 신부
그 속에서 웃고 있어요.

네잎 크로바

한여름 뜨락
도란도란 둘러앉은 한 잎 한 잎
거름주지 않아도 물길내지 않아도
무더기로 바시시 눈뜨고 있었지

찾고 찾아 헤매인 나의 뜰
손짓 눈짓으로 다정히 부르던 너는
천지간 가득한 풀밭사랑
아름드리 주고 싶었을 거야
공기로만 빚은 찰나의 환희를

아로새긴 풀꽃반지 끼워주며
어둠이 돌고 돌아도
대를 이어가며 나 잊지 않음은
행복위에 덤으로 얹혀주기 위함이어라.

연리지 이야기

하필이면
왜, 묵중한 산중턱에 터를 잡았니
못내 아쉬워
바라보고 바라만 보면서
오랜 세월
가슴이 툭 떨어지는 아픔을
만지며
바싹 야위어 바람소리 윙윙대는 가슴에
마른 울음 삼키는 햇살 부서져 내리는데
보채는 가슴앓이인 듯
계절을 고웁게 물들이는 바람
나무 등걸 골골이
닿을 듯 불러주는 노래
허뜻함 메워지는지
나와 너의 피의 전류 흘러내리어
너무 깊어서 못다 한 가을 얘기
어스름에 조금씩 풀어내어
두런두런 사그락 이는 소리
들린다.

하늘로 흐르는 강

님이
먹구름 덮힌 하늘에 뜨겁게 불 지펴
발그레 달아 오른 주홍얼굴로
수줍은 듯 미소를 띄운다
출렁이는 강 물결 속에
타오르는 심장 빠뜨려 놓고
흰 구름, 바람 구름 불러 모아
조각배에 태워 유유히 노를 젓는다
초록 숲, 바위섬 돌아
강 이야기 쏟아내고 있는데
맺힌 속울음 끝없이 녹아내려
붉게 물들은 저녁노을
또 다른 하늘 강 만들어 놓았다.

송 태 남

- 아호 : 東泉
- 월간 한脈文學으로 등단 (2011년4월)
- 한국 시조시인협회 회원
- 세종문학회, 여강시가회 회원

- 전화 : 010-7774-5769
- E-mail : stn1067@ hanmail.net
- 주소 : 경기도 용인시 수지구 동촌동864 수진마을 써니벨리 105-1906

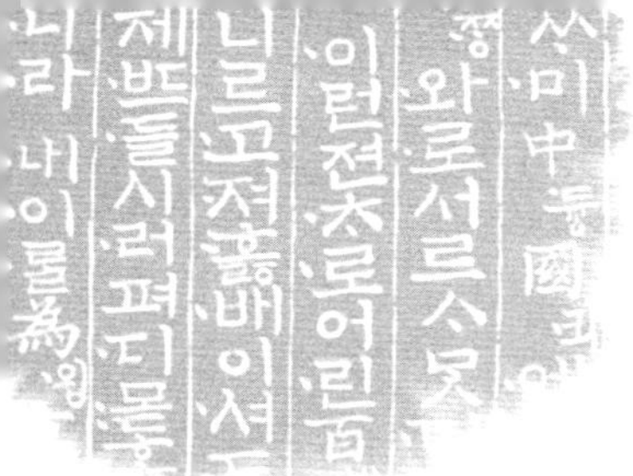

임진각에서

녹 슬은 철마위로 물오리 떼 나르고
말 없는 임진강물 유유히 흐르는데
만지면 터질 것 같네 겉으로는 조용치만

어차피 한 형제로 섞여 살 운명이면
서로가 잘못까지 다독이며 살아야지
실향의 고통소리만 찬바람에 나부끼네

조국이여 하나 되라 간절히 빌고 빌며
목이 멘 통일노래 바람까지 흐느끼네
제한 몸 버리고 싶어라 한나라로 된다면야.

※2013.11.21 임진각에서 평화통일 촉진 문화인 선언 대회가 열렸고 통일 관련 노래와 시가 낭송되고 선언 되었다.

사라진 도시

흔적 없이 스러져간 궁예성 옛터에도
어김 없이 가을 단풍 검붉게 타오르고
역사는 지워지지 않네 굴러다니는 주춧돌

안개처럼 사라져간 철원성 폐허 위로
한탄강 박차 오른 물오리 떼 퍼득이고
경원선 달리던 기차 바퀴마저 녹슬었네.

실향

마을 앞 가로막고 산허리 곧게 찔러
새로 낸 고속도로 덕장에 산 걸린 듯
마음에 새겨진 고향 찬바람만 부는 구나

강둑을 높이 쌓아 검푸른 물 채우고
낯설은 고속선만 거침 없이 떠다니네
순이도 보이지 않고 조약돌 함께 줍던.

불타는 서해

차라리 남남이면 좋았을 정일 왕국
뜬금 없는 어뢰 보내 천안함 수장하니
때 아닌 비가 내리어 만인 가슴 울게 한다

한 시도 바람 잘 날 없었던 서쪽 바다
난데 없는 포 소리 연평도는 불바다
물귀신 어디로 가고 불귀신 발작했나.

문학 강좌 나가는 날

흰 머리 몇 가락을 상할까 곱게 빗고
검정색 새 양복에 빨간 타이 멋 내어
이태백 꿈을 꾸면서 문림文林으로 향한다

책가방 손에 들고 발걸음도 가벼이
산머리에 해 오르니 서둘러 집 나선다
그 옛날 학생 때처럼 가슴 벅차 오른다.

어버이 사랑

울 엄마 반작 빤짝 닦아 놓은 장독대에
어느 봄날 심어 놓은 한포기 봉숭아 꽃
어머니 정성 깃들인 우리 누나 사랑이라

울 아빠 깔끔하게 쓸어 놓은 황토 뜰에
지난밤에 수북이 떨어진 노란 감꽃
아버지 속 깊고 깊은 막내아들 사랑이라.

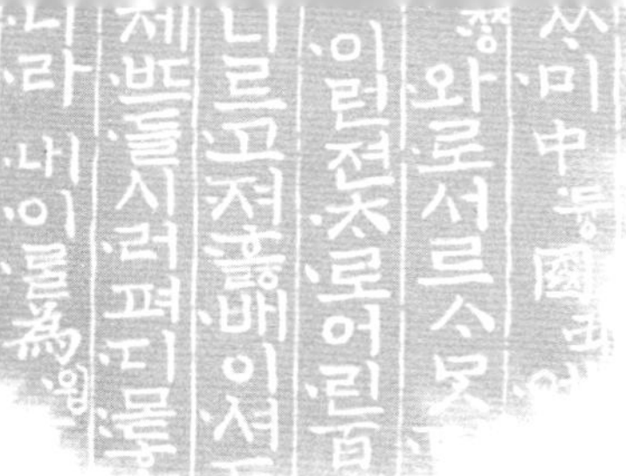

진달래꽃

보리 고개 가슴앓이 저리도 아프셨나
양지 바른 도적골에 피멍 같은 슬픈 꽃
어머님 무덤 앞에서 붉디붉게 피었네

하마산 절벽위에 아슬아슬 두견화라
노루마냥 암벽 타서 그 꽃 꺾어주던
친구여! 지금 어디 있뇨 저 꽃은 또 피는데.

※도적골과 하마산은 고향에 있는 산골이며 산이름이다.

탄금대에서

문경새재 넘어온 근심어린 조총 소리
일촉즉발 중원 골에 신립장군 배수진
충절은 드높았으나 중과부적衆寡不敵 한이로다

기수 잃은 군마들 진흙탕 속 발버둥질
팔천고혼八千孤魂 한탄소리 솔바람 서럽구나
그 날을 잊을 수 없다 다짐하는 충혼탑

남한강 달천강이 한강 되어 빚은 비경
그 경치 구경할까 머리 내민 탄금대
비단조悲短調 가야금 노리 바람결에 들려오네.

정 정 숙

- 아호 : 호정 鎬湞
- 한국문인협회 회원, 강동문인협회 이사, 강동서가협회 감사, 해동서예학회 사무국장, 세종문학회 사무국장
- 이끄는 서예획전(서울미술관)

- 전화 : 010-4404-8644
- 이메일 : jjjsook@hanmail.net
- 주소 : 경기도 하남시 신장동 427-25 하남@709호

‘ㅁ’에는 ‘먹’, ‘ㅂ’에는 ‘붓’

맹자의 어머니는 자식의 교육을 위해 세 번 이사를 하였지만, 나는 아들의 행동을 보고 전업을 하였다. 전업을 하자니 걸리는 것이 많았다. 아직 엄마가 있어 주어야 할 시기의 두 녀석들이 걸려 회사를 출근하는 것은 하지 못하였다. 그래서 아이들과 같이 지낼 것을 궁리한 끝에 선택한 일이 있었다. 미용 자격증을 따서 미용업을 할 요량으로 시험 준비를 하였다.

어느 날 학원을 마치고 집에 오니, 4살 된 아들 녀석은 세 살인 옆집 여자아이와 소꿉놀이를 하고 있었다. 그런데 여자 친구를 앉혀놓고 4각보자기를 가져가 등 뒤로 한 바퀴 돌리고 가위를 가지고 머리카락 자르는 놀이를 하고 있지 않는가? 그날 여자 친구의 잘라놓은 머리 모양은 엉망이 되었다. 다시 미용실에 가서 다듬고 사과하는 것으로 일단락이 되었지만.

평소 자신의 머리에도 별로 관심 없는 사람이 미용을 배운다니 친구들조차 맞지도 않는 일을 하냐며 만류하였다. 그런데 아들 녀석까지 머리카락 자르는 흉내를 내니 속이 상했다. 자신이 좋아하지도 않고 관심도 없는 일을 배우자니 심정이 괴로운데, 사내 녀석이 가위를 들고 다니는 모습을 보니 마음이 편치 않았다. 그러나 어린 자식을 어찌 탓하랴, 본 대로 한 것뿐인데 그래서 생각을 바꾸었다.

초등학교 때도 조금 그리고 특별 활동으로, 직장을 다니면서도, 결혼하여 학원을 다니며 배운, 좋아하는 붓글씨를 하기로 마음 먹었다. 그래서 한창 서예 학원 준비로 바쁠 즈음 한번은 형님께서 내게 말씀하셨다.

“자네가 붓글씨를 하니까 애가 재미있는 말을 하네 그려.”

“무슨 말인데요, 형님.”

"'ㄱ'에는 가구, 'ㄴ'에는 나비, 'ㄷ'에는 다리미라고 하였다네. 그러다 'ㅁ'이 나오자 '먹'하더니, 'ㅂ'을 묻자 '붓'이라고 말하지 뭔가. 그 엄마의 그 아들이라는 생각을 했네."라고 말씀하셨다.

1년 전 보자기를 두르고 가위질을 하던 녀석이다. '닮지 말라 하여도 닮을 수밖에 없는 아이는 본 대로 하는구나.'라는 생각이 들자 새삼 자식을 둔 내 행동이 조심스러웠다.

부모는 분명 좋은 모습만 닮으라고 하고 싶지만 그렇지 않다. 성격은 급하고 행동이 느린 탓에 화가 나면 자주 소리를 질렀다. 그러자 내 큰 소리만큼이나 고함을 지르는 것도 같이 닮았다. 요즈음은 화가 나도 소리치지 않으려 노력한다. 그래도 또 다른 좋지 않은 내 모습을 아이들은 닮았으리라.

서예를 가르쳐 온 아이들의 모습을 보아도 부모가 욕을 하는 집의 아이는 밖에서 욕을 한다. 어머니가 기다려 주지 않은 아이는 참을성이 없다. 아이가 욕심을 내는 집은 분명히 부모가 더 욕심을 내는 사람이다. 어른의 마음이 계산적이면 아이의 마음도 계산적이게 된다. 반면 부모님이 예의 바르면 아이는 예절이 바른다. 어머니가 남을 배려하면 자신은 대체로 선하다. 스펀지가 물을 빨아들이듯 어른들의 행동거지를 흡수하는 아이는 매일 보는 환경을 닮게 마련인가 보다.

자식이 무심코 한 행동에서 맹자의 어머니는 자식을 위해 세 번 이사를 했다는데, 나는 생업으로 아들을 보고 세 번 생각하고 서예 학원을 결정하게 되었다. 그래서 아이들과 떨어지는 시간이 많은 출퇴근하는 직장도 갖지 않았고, 돈을 벌겠다며 배운 미용업도 하지 않았다.

엄마가 전업을 준비하며 고민할 때 걱정이 되었는지 수업 시간에 공부는 않고 창문만 바라본다고 선생님이 상담했던 그때 초등학생인 큰아들도 전업을 잘한 덕인지 대학생이 되었고 심성이 곧으며 차분한 성격이다. 그때 가위질을 하던 녀석도 고등학생이 되어 성당도 다니며 엄마가 수업이 있는 화요일엔 '수필 공부 가셔야죠.'라며 챙겨도 준다.

전철을 타면 두 형제는 말(言) 내기를 한다. 큰 녀석이 고사 성어에서 '부전자전(父傳子傳)'이라 말하자, 한자 실력이 없는 동생은 엄마가 방학동안 읽으라고 사다 준 '인물 사전'에서 익혔다며 '인간적인 너무나 인간적인'은 니체의 저서라 응수한다.

뜻도 없이 "'ㅁ'에는 '먹', 'ㅂ'에는 '붓'"이라 말한 아들 때문에 고민한 엄마의 참뜻을 훗날 그 녀석도 스스로 알게 되겠지.

보라면 보고 먹으라면 먹고

해마다 공모대전을 치루고 나면 수상자 여행을 인솔하여 간다. 그 여행은 서예, 문인화, 서각 등 우수한 성적으로 상을 받고 중국이나 해외로 수상자 여행을 가는 것이다.

수상자와 그 스승, 남편이나 자녀, 그리고 친구도 동반하여 묵의 향기가 좋아지는 사람까지 수상자와 70여명을 인솔하여 해마다 간다.

인원이 많으니 우선 명찰부터 70개, 그리고 스카프를 준비한다. 일행을 놓쳐 버려도 분홍색 수상자 단체 목도리가 멀리서도 보여 쉬이 찾을 수 있다. 때로는 날씨가 변덕스러우면 보온 대용으로 쓰인다. 목도리를 준비하는 아이디어는 이사장님의 "기발한 선물"이다.

서예를 하려면 장구의 세월이 흘러야 된다. 자신과의 인내, 그리고 작품의 완성, 그 모든 시간을 인고하지 않고 이루어지는 것이 없다. 그래서인지 서예를 하는 많은 사람을 인솔하여 보면, 그 동안의 내공 덕분인지 "보라면 보고, 먹으라면 먹고" 수월하게 여행을 다닌다.

수상자 여행, 문화답사, 서예인 산악회 모두 먹과의 인연으로 함께 다니는데 인솔하는 사람으로 얼마나 고맙고 다행인지 감사할 따름이다.

4박 5일 동안 70명의 수상자 여행단은 '보라면 보고, 식사는 드시라면 드시고, 주무시는 것까지.'그러하니 무사히 즐거운 여행을 한다.

왜 음식에 불편함이 없겠는가? 보는 것도 꼭 좋은 것만 있을리 만무하다. 우리가 좋아하는 서예박물관, 비림, 서예 재료가 있는 곳은 마냥 시간을 보내고 싶고 오래동안 볼 곳이다.

그런데, 여행에서 가이드가 추천하여 차에서 내리는 곳은 물건을 팔거나 관광객이 그 나라의 상품을 사게 하는 곳을 들리게 된다. 그런 곳은 가기 싫은 사람도 있으리라. 그렇지만 여러 사람이 있는 곳은 인내하고 기다려 주는 것이다.

여행 중 많은 사람들이 움직일 때 조용히 기다려 주고 배려하여 주는 마음은 인고의 세월동안 붓을 들고 지낸 사람이라 자연스레 되는 것이리라. 70여명 넘는 인원이면 처음에는 가이드도 덜컥 겁이 난다고 했다. 그렇지만 몇시간 지내보면 차에서 내리라면 내리지, 먹으라면 먹지, 주무시는 것까지 편하게 하니, 현지 가이드도 도리어 배려하고 기다려 주며 곧 우리를 조심히 대하고 존중하게 된다.

요즘 버스를 타고 출근을 한다. 내가 서서 책을 읽는데, 여학생이 가방을 메고 탔다. 등 뒤의 가방이 튀어 나와 서 있는 내가 자꾸 밀리자 옆에 계시던 아주머니가 "학생 가방을 조금 옆으로 해야지,"라고 하자 그 여학생은 미안한 기색은 커녕 대뜸 "아니 그럼 튀어나온 가방보고 어쩌라구요."하면서 대든다.

60세 정도된 그 아주머니가 "어른이 말하는데 그렇게 하냐?"고 하자 "집에 가서나 교육시키세요."그렇게 대꾸한다. "집에 아이들은 너처럼 그러지는 않는다."하면서 말이 오가서 더 이상 싸움이 될 것 같아, 읽던 책을 덥고 어른께 참으라고 하여 언성이 높아지는 것을 막았다.

물론 튀어 나온 가방을 어찌하겠냐만, 그 가방에 밀려 내가 앞으로 넘어질 듯 보다 못해 어른이 한마디 하였는데, 가방을 조금만 움직였어도, 아니면 '네, 알겠습니다.'정도로 대답만 하여도 아무 일도 아닌데. 학생이 붓글씨를 배웠으면 아마도 그러지 않았을 텐데.

사람들이 조금만 '보라면 보고, 먹으라면 먹는'지혜를 알고, 서로 배려하고 참아 주는 것이 진정한 삶의 미덕이 아닐까?

천 만원을 벌어서 자식에게 주면

친구에게 전화가 왔다. 하고 싶은 공부를 해야 할지, 경제적으로 벌어서 자식에게 주어야 할 것인지 고민하며 물었다. 아들은 장가들 나이가 되었단다.

초등학교 마치고 객지에서 일을 하다 결혼을 일찍 한 모양인지 장성한 장가갈 때가 된 아들이 있다. 그런데 자신이 소학교 시절 가정형편으로 못하였던 공부를 해야 하는 것인지 공인중개사 시험을 보아 부동산업을 하여 벌어서 장가를 갈 때 보탬이 되어야 할지 고민을 털어 놓았다. 딸에게 물어보고 다음으로 나에게 물어보는 거란다.

그리고 한동안 시간이 흘렀다. 국전 출품을 끝내고 다리도 아프고 "옛날 말에 아이들은 나날이 자라고 어른은 물물이 늙는다."더니 속일 수 없는 게 나이인지 온 몸이 안 아픈 데가 없으며 기운도 없고 맘까지 우울하여 그때 고민하던 친구가 생각나서 어떻게 되었는지 궁금하여 전화를 걸었다.

친구의 목소리에는 그때 걱정하는 기색은 전혀 없고 반색을 하며 전화를 받았다. 1년 전, 내 말과 친구 딸의 말 한마디에 용기를 얻어 자신을 위해 부지런히 공부 중이란다. 자신의 딸이 "오빠에게 여자가 있어 당장 장가가는 것도 아닌데, 엄마가 현재하고 싶은 거 하셔요. 그건 사람이 생기면 그때 생각하시고요."라며 엄마 편을 들어 주었다.

그리고 내가 친구에게 "천 만원을 벌어 아들에게 주면 부족하다고 하지 많다고는 않는다. 그렇지만 지금 네가 하고 싶은 걸 열심히 하다보면 천 만원보다 더 많은 걸 남겨 주게 되지 않을까?"라고 한 말에 용기 내서 시작한 학업이 너무 재미있다고 한다.

지금 검정고시 공부며 노인 복지 자격시험까지 준비하며 주부학교에서 총무를 맡아 보니 스스로에게 자신감도 생긴단다. 그리고 글짓기까지 한다며 갱년기 올 시간도 없이 바쁘단다. 아버지에 대한 글을 쓰면서 돌아가신 아버지를 다시 생각하게 되었다며 글쓰기는 참어렵다며 무릎의 통증이 심하여 물통에 다리를 담그고 수화기를 든 나에게 신명이 나서 나에게 조언을 달라고 한다.

하긴 글쓰기가 하루에 되는 일이 아니니 어렵기도 하지만, 천 만 원 벌기는 얼마나 더 어렵겠냐만 나도 자식이 장성하면 당연히 같은 고민을 하였으리라.

동네 분은 일만하는 엄마를 보다 취미생활로 사군자 그림을 열심히 그리자, 전에 돈만 가져가던 고등학생 아들이 먹물을 벼루에 잔뜩 갈아 놓고 엄마가 그린 부채를 선생님께 선물한다고 가져갔다며 좋아하였다.

내가 아는 분은 짝이 있어 곧 혼인할 자식이 있지만 자신의 개인전을 하는 것을 보고 참 어려운 결정을 과감히 하신다는 생각이 들었다. 그렇게 개인전도 무사히 마치고 아들 결혼도 곧 하게 된다. 그것을 보며 내가 느끼는 바가 있어 친구에게 조언을 하였던 것 같다.

지금 친구가 살아가는데 활력소가 되며 엄마의 열심히 공부하는 모습을 보면 천 만원을 벌어 자식에게 주는 것보다 지켜보는 그 아들은 더 크게 스스로 사는 힘을 길러 낼 것이리라 믿어 본다.

아버지의 유산

추석 한가위 차례를 지내고, 친정이 멀어 내려가지 못하고, 평소에 가지 않던 영화 한편 보려고 표를 예매하여 두었다. 여름휴가에 잠시 뵙고 혼자 요양병원에 계신데도 일상의 바쁘다는 핑계로 자주 찾아가지 뵙지 못한 아버지를 생각하며 못내 송구하여 잠이 들었다.

경주를 찾아가 뵈어야 자식된 도리인데, 아들자식 다 두고 자청하여 요양병원을 가서 계신 아버지를 이해하지 못 하는 마음과 아들들이 모시지 않는 서운함이 교차되어 내려가는 것을 망설이고 있었다. 그날 새벽 3시 전화가 울렸다. 말씀은 없고, 아버지는 듣고 계신지 내 목소리만 메아리쳐 왔다.

해마다 방학이면 아이들과 찾아가 뵙는데, 아이들이 둘 다 대학생이 되고 나니 함께 내려 갈 기회가 적어졌다. 올해 여름 휴가는 아들 둘과 시간을 만들어 경주로 내려갔다.

김동길 교수님이 어느 세미나에서 가장 무서운 게 무엇인지 아느냐고? 그것은 "세월"이라더니, 항상 양복 차림이 아니면 잠시 외출을 하셔도 흰 모시적삼을 입고 오토바이를 타고 출타하시고 간혹 두루마기까지 차려 입고 다니는 일명 '백구두 신사'이셨는데, 경주에 가서 뵈니 큰 키도 줄고 힘이 없는 치아가 다 빠진 노인 한 분이 초라히 계셨다.

지난 봄만 해도 오토바이를 타고 다니시다 발목이 약간 삐었다고 하셨는데, '아이들은 나날이 자라고 어른이 되면 물물이 늙는다.'는 속설처럼 봄에 뵐 때와 너무 딴 모습이 되어 아버지가 아닌 다른 분이 앉아 계셨다. 세월을 보내야 하는 창살 없는 감옥과 무엇이 다를까?

외출을 좋아하셔서 오토바이를 타고 나가던 것도, 맛있는 음식도, 숫제 거동도 않는다. 곡기를 거부하셨다는 표현이 맞다. 재작년 동반자인 짝을 잃고 나서부터 사는 데 대한 의미, 그런 것을 잃어버린 것이다. 대화할 사람도 잔소리 할 사람도 없으니 그럴 만도 하다.

아버지는 외아들, 독신으로 동생 한 분 없이 태어나 할아버지가 남겨 놓은 전답 모두를 생전에 다 쓰고 가셨다. 아버지 청년시절에는 일본을 다니셨고, 제무시(GMC)라는 차도 타고 다니시며, 농사일하는 식솔까지 아래채에 두었다. 할머니는 하나밖에 없는 귀한 자식이 보석 이상이였으니, 아들 말이면 즉각 들어 줄 수밖에 없었다. 아버지의 전성기는 유아기부터 청년기까지 무슨 일이든 생각대로 이뤄졌으리라 짐작된다.

그렇게 형제 없이 혼자인 것이 외로우셨는지 자식을 열한 남매를 두었다. 그래서 언니, 오빠 그것도 둘째, 셋째 가끔은 내가 몇 번째인 지 헷갈려 밑에서 몇째라고 이야기한다.

올해 90세를 수(壽)하셨다고 하여 호상(好喪)이라 하지만, 아버지가 가신 일이 자식으로 어찌 슬프지 않으랴? 아직 아버지의 휴대폰, 용돈을 보내드리기 위해 적어놓은 통장번호를 지우지 못하고, 전화를 드리면 계셔서 곧 오실 듯하다.

그런 아버지가 내게 물려주신 "유산"하나가 있다. 할아버지가 물려주신 전답이 아니다. 많이 두고 간 자식도 아니다. 자식이 많아도 돌아가시니, 아버지 이름으로 된 잔고에는 백여 만원이 남짓한 그것이 전부였다. 그런 물질적인 유산이 아니라 평소 입버릇처럼 "겸손하라."는 말씀이셨다. 다른 사람에게 자식을 소개할 때는 꼭 "제 못난 여식이니, 잘 부탁드립니다."라며 좀 모자라고 부족하다는 표현이셨다.

사회생활을 하기 전에는 아버지는 왜 꼭 모자란다고 말씀하실까? 그리 잘나지도 않았지만, 그렇다고 못난 것도 없는데 그저 속으로 '왜 저러실까?'라며, 크면 무엇을 잘 하는 사람이 되어 아버지가 '우리 잘난 자식입니다.'라고 인사시켜 드릴 수 있게 살아야겠다고 마음먹었다.

남보다 잘나야 사는 시대에 살고 있는 우리의 정서에는 굳이 못났다고 인사를 시키는 아버지가 못마땅하여 '나 안 못났는데요.'라며 혼잣말로 중얼거리곤 했다. 나이가 먹어가면서 아버지의 '겸손의 지론'은 그저 미덕에 그치는 것이 아니라, 그 말 속에는 더 깊은 뜻이 있음을 알게 되었다. '잘 났다'고는 쉬이 말할 수 있지만, 스스로 낮추기가 얼마나 힘든지 어쩌면 진즉에 자식인 나에게 삶의 지침을 주셨는지도 모른다. 더 낮은 사람이 되어 사는 지혜를 가지고 살라고.

유난히 자아의식이 강하여 남을 배려하고 겸손해 할 줄 모르는 나를 아버지는 일찍부터 익히 알고 계셨으리라. 남들보다 먼저 배운 전산 일도, 서예를 일찍 배워서 다른 사람을 가르치는 일도 우쭐대기 십상이다.

그러니 애당초 못난 자식이 서투른 솜씨로 자랑이나 하여 가만히 있으면 5점이라도 하는데 설치다 망신이나 당할까 염려하여 평소에 겸손을 강조하셨으리라.

오늘은 유난히 창졸간에 잃은 아버지의 유산 "겸손(謙遜)을 허(許)하라."는 당부의 말씀이 귀에 쟁쟁하여 들리는 듯하다.

정 성 재（鄭 聖 在）

- 아호 : 暇引(가인)
- 1955년 출생
- 명지대 졸
- 중등교사역임
- 창작수필 문인회등단
- 한국문인회 회원

- 전화 : 010-3426-2571
- E-mail : jsj2571@hanmail.net
- 주소 : 서울시 광진구 구의동 591-29 우남위시빌 102호

외길 인생

빠르고 다양한 요즘, 60여 년 전 내 아버지는 30대 중반으로 서울에서 일류 무역회사를 근무하다 사표를 내고 고향으로 돌아왔다. 가난한 아이들을 모아 가르치기 시작했다. 가마니를 깔고 천막을 친 교실은 중학교 과정의 고등공민학교였다. 차츰 학생 수가 많아지니 교사(敎師)를 모집하여 학교의 틀을 만들어 갔다. 그러나 상급학교 진학과 취직이 걸림돌이 되어 정식 중, 고등학교를 만들기로 했다. 도청에 공립학교 허가 신청을 냈다. 적부 심사를 거쳐 교명(敎命)을 안일중, 상업고등학교로 정식 공립학교 허가를 받았다. 하지만 막 전쟁이 끝난 후인지라 정부의 지원으로 학교를 짓기란 자금이 턱없이 모자랐다. 아버지는 논을 팔고 농사짓는 황소도 팔아 보탰지만 자금이 해결되지 않았다. 집안 살림보다는 온통 학교에만 매달렸던 아버지는 방학이 되면 학생들과 함께 후원금을 모금하러 동네를 돌았다. 그도 모자라면 각 처의 유지들에게 도움을 청하셨다. 유난히도 큰 외이(外耳)는 겨울 방학 동안 모금하러 다니며 동사(凍死)에 거려 얼음이 박힌 것이었다.

모두가 어렵던 1950년도 중반, 추위와 피로에 시달린 아버지는 급성 늑막염으로 쓰러지셨다. 감기인 줄만 알았던 초기 증상이 변하여 살아날 가능성이 없다는 사형 선고까지 내려졌다. 사랑하던 학교에 사표를 내야만 했다. 몇 차례의 수술과 1년여의 병원 생활 끝에 다행히 회복되어 학교로 돌아왔다. 하지만 갈 수 없다. 온 힘을 기울여 학교를 세웠지만 개인 소유의 사립학교가 아닌 공공의 공립학교로 만들었기 때문이다.

사립학교였더라면 설립자로 이사장이나 교장이 됐을 텐데 공립학교의 평교사로 재직하다 사표를 냈으니 교사가 되려면 다시 순위고사를 치러 임용돼야 했다. 아이들을 가르치고 싶은 마음에 힘든 임용 시험을 거쳐 아버지는 다시 안일 중• 상업고등학교에 근무하였다. 순환 근무제가 정착되지 않던 시절, 몇 십 년 근속을 하며 당신이 세우신 학교를 다듬고 가꾸었다.

학생들이 하복을 입는 날이면 아버지는 단벌 양복을 벗어 골고루 양복솔로 먼지를 턴 뒤 아랫목에 걸어 놓았다. 가을에 학생들이 춘추복을 입는 날 다시 입으시려는 거다. 이렇게 몇 해를 계속해서 입은 단벌 양복은 손목의 끝단이 낡아 실오라기가 풀리고 천을 덧댄 바지 궁둥이는 바라보기에도 민망했다. 언제 끝날지 모르는 우리 6남매의 학비 걱정은 가난한 공립학교 교사에겐 너무 큰 짐이다. 공립학교 교사의 자녀가 타지(他地)나 사립(私立)중•고등학교를 진학하면 학비 보조도 안 되던 시절 우리는 안일 학교에서 학생과 교사로 지냈다. 어찌 학비 때문이겠는가. 공립학교이지만 아버지가 세우신 학교를 사랑하기 때문이었다. 엄마는 이 궁핍한 생활을 '등에서 콩이 튄다.'며 엄마만의 방식으로 참아 내셨다.

일본에서 대학 공부를 같이 하셨던 절친한 친구 분이 국회의원으로 라디오에서 인터뷰를 하더니, 어느 날 그 분이 지프차를 타고 교수가 된 친구 분들과 같이 우리 집엘 오셨다. 말끔한 양복에 번쩍이는 구두는 어린 나의 눈에도 출세한 모습으로 부러웠다. 정치하시는 분은 아버지께 같이 정치를 하자고 제안을 하고, 교수인 분은 교수의 길을 같이 가자고 했다. 그도 저도 아니면 서울에 가서 번듯한 학교 선생이라도 하자고 간절히 얘기하지만 냉정히 거절하셨다.

'내가 목숨을 바칠 만큼 온 힘을 다해 세운 학교를 어떻게 버린단 말인가'며 완강히 거절하셨다. 그때 철 없던 나는 무척 서운하고 아버지가 바보 같았다. 훤칠한 키(178cm)에 준수한 외모, 활달한 성격과 좌중(座中)을 휘어잡는 유우머가 있으셨던 분, 정치가가 되어도 크게 되시고 교수가 되어도 훌륭하셨을 것이다. 고향에서도 정치를 하자는 제의가 몇 번 있었지만 번번이 거절하시는 모습은 밉고 원망스러웠다.

아버지의 마음을 차차 알아갈 무렵 나도 국문학과를 졸업하고 교직을 발령을 받았다. 그러나 몇 년 아이들을 가르치다 결혼을 하여 중도에 그만 두고 말았다. 결혼 때문이라고는 하지만 어찌 그뿐이랴. 편하게 살고 싶고, 게으르고, 아이들에 대한 사랑이 적어서다. 아버지는 학교를 세워서까지 아이들을 가르쳤는데, 나는 가르치기만 하는 것도 못하고 말았으니 아버지에 대한 불효도 되는 것 같다. 내가 교사 발령을 받던 날 아버지는 나에게 '아이들을 사랑하라'고 당부의 말씀을 하셨다. 당신도 실제로 학생들을 무척 사랑하셔서 일일이 누구의 딸, 아들인지 훤히 알고 있어 지각이나 복장 불량 등 잘못 했다간 족보까지 들춰지고 호된 호통에 눈물이 쏟아졌다. 하지만 다정하게 "인수야"하며 부르실 때는 따뜻한 아버지 사랑을 느꼈다며 친구들은 말한다.

퇴임 후 평화의 댐 건설 모금을 할 때 엄마가 아버지께 어떻게 이루어지냐고 물으시니 사회과 부도를 펴놓고 연필로 그려가며 차근차근 설명하시는 모습은 자상한 스승의 모습 그대로였다. 아버지의 부음을 듣고 달려온 제자는, 내가 이렇게(군인, 준위) 될 수 있었던 것은 선생님이 며칠 동안 찾아 오셔서 '가난할수록 배워야 한다.'며 자신의 아버지를 설득했기 때문으로 장려 쌀을 먹는 처지에 중학교 진학은 생각도 못할 일이였다며, 머리가 희끗 희끗한 50대의 제자가 꺼억꺼억 우는 모습은 가슴을 찡하게 하였다. 그것이 교사만이 할 수 있는 일이고, 신념을 갖고 가르쳤던 힘이 아니었을까. 새삼 아버지가 크게 보였다.

교장선생님이 되어 예전의 정치 친구 분들께 막걸리를 턱하니 대접하시는 모습에서 떨어지지 않은 별을 보았다. 힘들었지만 6남매를 대학까지 가르쳤고, 정년퇴임을 당신이 세운 안일 중학교에서 하셨으니 아버지로서 교사로서 뿌듯함과 보람이 있으셨을 것이다. 안일 중학교 교실 앞에 줄지어 서 있는 60여년 된 장년의 소나무들은 그 동안 아버지의 모습을 보고 들은 관음송(觀音松)들이다. 내 아버지를 나보다 더 잘 알고 서 있을 소나무들은 훤칠한 아버지처럼 잘도 자랐다.

난 아버지처럼 외길을 걷지 못한 딸이지만, 교사로 평생 외길을 걸어오신 아버지를 사랑하고 존경한다. 며칠 있으면 돌아가신 지 20주기가 되는 아버지의 기일이다. 온 가족이 안일중학교(지금은 교명도 바뀌었음)를 찾아가 아버지의 외길을 느껴 봐야겠다.

반짝이 장갑

보이는 것도 많고, 볼 것도 많다. 복잡한 사회 속에서 용량 초과인지 상대적 게으름인 지 건망증이 있다.

지난 여름 며칠 동안 식구들과 집을 비우면서 과일 껍질을 싱크대 안에 둔 채 다녀왔다. 돌아와 현관문을 여는 순간 초파리가 집안 가득 날아다니는 것이 아닌가. 그때 까지도 무엇 때문인지 몰랐다. 그로 인해 꽤 오랫 동안 불편했다. 난 어려서부터 물건을 잘 잃어버렸다. 차분하거나 침착하지 못하고 덜렁대서 식구들이 별명처럼 덜렁이라고 불리기도 했다. 증상이 건망증인데 말이다.

60년대 초 초등학교 저 학년 때 초록색에 반짝이가 들어 있는 예쁜 새 장갑을 엄마가 사 주셨다. 학교에 끼고 간 첫 날 한 짝을 잃어버리고 말았다. 너무 아깝고 속상하여 엉엉 울었다. 엄마는 '찾으면 돼'하시며 위로해 주셨지만 혼이 날까 봐 더 오래도록 울었던 기억이 난다. 짝 잃은 반짝이 장갑 한 짝은 내가 결혼할 때까지 친정집 장롱 속에 있었다. 장갑을 볼 때마다 속상했을 엄마의 마음과, 덜렁대는 나는 많은 생각을 하게 해 주었다.

결혼하니 남편은 정확하고 꼼꼼하며 미리미리 계획을 세운다. 물건을 잃어버리거나 찾는 일이 거의 없어 빠뜨리고 다니거나 할 일을 잊어버린 나에게 핀잔을 주고 어느 땐 다툼으로 이어 지기까지도 했다.

기억할 수 있는 나만의 방법으로 물건을 같은 자리에 두거나, 달력에 쓰는 것은 물론이요, 메모를 하여 잘 보이는 곳에 두며, 외출할 때는 필요한 것을 이것저것 큰 가방에 들고 다녔다. 요즘엔 애들 주민번호, 내 은행 계좌번호, 약속한 일, 오늘 할 일, 친구의 아파트 동, 호, 등 등을 핸드폰 문자 보관함에 보관을 한다. 그래도 잃어버릴 때가 있지만 꽤 효과적이다.

친구의 전화번호가 바뀠다. 몇 개월이 지났는데도 못 외운다. 이전 번호는 외웠는데 왜 일까? 물건을 살 때 암산을 안 하고 계산기가 한다. 예산액보다 많아도 카드로 하면 된다. 모르는 길도 똑똑한 네비게이션이 가르쳐 준다. 찬송가 성경 말씀도 스크린에 나오니 굳이 찾지 않아도 된다. 뇌(腦)가 많이 쉰다. 감각(感覺)을 깨우고 살려야 겠다.

요즘엔 남편이 핸드폰, 차 열쇠, 지갑을 두고 출근하다가 급하게 되돌아오는 경우가 있다. 그럴 땐 내가 "당신도 그럴 때가 있슈?" 하며 복수심에 재미있고 고소했다. 그런데 그런 현상이 잦아지니 나이 때문인가 삶의 무게 때문일까? 안쓰럽다.

내가 심해진 건망증으로 인해 힘들어 했더니 연세 드신 분이 "그 나이 되면 다 그려, 괜찮아. 다 이해 혀" 하신다. 그래 느긋하며 편안하게 감각을 잃지 말고 살아야 겠다.

1분 4초

집 앞에 설치된 신호등을 자주 건너다닌다.

왕복 2차선으로 차들이 많이 다니지 않는 건널목이다. 나는 이 신호등 앞에만 오면 마음이 조급해진다. 급한 일이 없을 때도 좌우를 두리번거리며 신호등을 무시하고 건널목을 건너려고 한다. 피부로 느껴지는 시간은 길지만 기다리는 시간은 고작 1분 4초이다. 이 시간을 못 기다리는 것이다. 그런데 100m만 걸어가면 신작로(新作路)가 있다. 그곳은 왕복 10차선에 차가 많이 오고 간다. 무단횡단을 할 수 없다. 직진, 좌회전, 정지 신호까지 2분 15초를 기다려야 한다. 집 앞 신호보다 2배가 넘는 시간이지만 여유 있게 기다린다. 보조 신호인 모레시계가 역삼각형 초록색 불 9개를 차례로 점멸하며 남은 시간이 얼마큼인지 알려 준다. 차도가 넓고 차가 많이 오고 가는 이곳은 감히 건널 엄두도 못 낸다. 안 건너는 것이 아니라 못 건너 간다.

큰 것 작은 것으로 내 마음의 부등호가 잘못 각인된 것은 아닐까? 오늘부터는 큰 것 작은 것을 실천하려 한다. 최소한 집 앞 신호등 앞에서라도 실천해 보자. 방금 빨강 신호등으로 바뀌었다. 1분 4초, 마음을 느긋이 갖고 기다린다. 시장에서 검정비닐 봉지에 야채를 사서 무겁게 들었다. 손이 아파 온다. 조급한 마음을 달래려고 길가에 가게들을 바라보며 기다린다. 마음을 먹으니 된다.

작은 것이 더 소중할 때도 있지 아닐까. 어린 아이들에게는 상처를 안 받을 것이라 생각하고 함부로 말하진 않았나? 사실은 더 받는다는데.

나는 마음뿐만 아니라 물건도 큰 것을 참 좋아한다. TV, 냉장고, 차, 집 등 작은 것, 어리고 여린 것이 좋을 때가 있는데 작은 것도 마음에 잘 담자.

문(門)

단, 몇 초 때문에……. 이미지를 구기겠습니까?

서울 지하철에 홍보 포스터로 지하철 역 구내와 객차 안에 붙여 놓은 문구다. 그림까지 그려져 있어 더 실감이 난다. 지하철 문이 닫히는 데도 비집고 타려는 사람에게 하는 경고 포스터다. 지하철 문이 닫힐 때 문안에 있느냐 문 밖에 있느냐가 지각이냐 아니야도 때로는 결정된다.

난 지하철을 자주 탄다. 몇 분 간격으로 지하철이 자주 운행된다. 그러나 뛰리리리~ 하며 지하철이 다가오는 신호음이 들릴 때면 시간이 급하지 않아도 난 매번 뛰어 가서 탄다. 이럴 땐 타는 것이 아니라 몸을 객차 안으로 집어넣는 것이다. 닫히는 문을 억지로 비집고는 타지 않았지만 힘겹게 문을 통과한다.

동문(同門), 같은 학교 대문을 드나들며 공부한 사이들을 말한다. 같은 학교 문을 드나듦으로 인하여 맺어진 관계다. 어느 장소에 있는 학교냐, 어느 선생님에게 배웠냐. 무엇을 배웠냐? 로 얘기하지 않고 문(門)으로 얘기하고 대표성을 가진다. 그리고 이것을 평생 가지고 산다. 문(門)하면 생각나는 대문 놀이가 있다. 어렸을 때 친구들과 두 손 마주 잡고, 높고 길게 터널을 만들면 다른 친구들은 서로 허리를 잡고 줄지어 그 터널을 통과 하는 놀이다. '문지기 문지기 문 열어라 열쇠 없어 못 열겠네. 어떤 대문 들어갈까? 동대문 들어가 서대문 들어가……'노래를 하며 중간 중간 친구를 잡아 가며 놀았다. 동네에서 뿐 아니라 초등학교 수업 시간에도 이 놀이를 했다. 참 신나고 재미있게 뛰고 웃었다. 40여년이 지난 지금도 그렇게 놀고 싶다.

일반 가정에서도 문이 중요하다. 집에 들어 설 때 처음 접하는 곳이다. 예전엔 양택삼요(陽宅三要)라 하여 대문, 안방. 부엌 이

세 곳을 집에서 가장 중요하게 여겼다. 요즘엔 조금씩 개인차가 있긴 하지만. 어디든 들어가려면 보통은 문이 있다. 내가 실제로 걸어서 다니는 문이 있는가 하면 제한된 안에서 밖을 보는 창문도 있고, 밖에서 문을 통하여 안을 바라보는 유리문도 있다. 무심히 통과하지만 문이 중요하다. 어떤 상황이든 열두 대문 활짝 열어 놓듯 내 마음의 문을 그렇게 열 수는 없을까? 매일 쪽문만 열고 사는 것 같아 답답할 때가 많다.

시누이의 손님

"우리 집에 놀러와"하는 말을 언제 부터인가 듣기가 쉽지 않다. "어디서 만나자"고 한다.

60년대 외할머니 회갑을 기억한다. 추운 겨울날 집에서 떡과 두부, 콩나물, 한과, 조청까지 만들었다. 여기저기 가마솥을 걸고 음식을 했다. 일주일 내내 부침개만 부쳤다는 친척 할머니도 계시고 장작을 한 달 동안 팼다는 이웃 집 할아버지도 계신다. 이렇게 동네 사람, 친인척이 모여 준비하여 치렀다. 20여년 후 아버지 회갑이다. 자식들이 한복을 똑 같이 입었을 뿐 음식은 음식점에 준비하여 단출하게 치렀다.

내가 결혼할 때 그릇을 넉넉히 준비해야 했다. 집들이, 아이들 돌잔치, 손님접대를 수시로 하기위해서다. 그러나 요즘 집들이는 음식점에서 밥을 먹고 집에서는 차만 마신다. 돌잔치는 아이 낳은 산모가 조리원에 누워 장소를 예약해야만 한단다. 그런 집은 얼마나 좋은 집일까? 그렇다 보니 집에서 손님 치를 일이 적고 그릇도 많을 필요 없다. 점점 음식을 할 엄두도 못 낸다.

지금은 어른 생신은 물론이고 아이들 생일, 친인척이 모이는 명절이나 추도식까지도 만든 음식을 구입하거나 외식을 하는 경우가 있다. 이러한 음식을 만들어 파는 전문 업체도 당연히 호황을 누린다. 이렇게 하는 데는 바쁘고 힘든 것도 있지만 나 같은 경우는 손님의 입맛에 맞을까 걱정되고 감당하기가 버거워서다.

난 요즘 친한 친구들의 집도 모른다. 핸드폰으로 연락해서 소식을 주고받고 만날 땐 중간 지점에서 만나 밥 먹고 차를 마신다. 역시 이유는 바빠서와 부담스러워서다.

꽃이 많이 핀 5월 문학기행을 충남 서산으로 갔다. 간월도의 멋진 낙조(落照)와 바닷가의 검정색 바위(검은여)틈에 무리지어 자라는 해당화는 서산을 사랑하는 마음을 갖게 했다. 특히 월계리 여월정에서의 점심은 감동이었다. 탁 트인 야산의 널찍한 정자(여월정)는 내가 살고 싶고 갖고 싶었다. 흐드러지게 여기저기 핀 꽃들은 내 맘을 감동과 흥분하게 하고 늘어진 가지마다 핀 꽃들은 지금도 그릴 것 같다. 이것을 사진으로 보다는 그림으로 남기는 것이 더 좋을 듯하다. 앞 논에 돌미나리며 뒤곁에 씀바귀, 취나물, 머위대, 홑잎나물 등등 지천으로 널려있다. 촌에서 자라서 인지 이런 곳이 좋다. 나처럼 흥분한 여자 문인들은 집에 안가고 그곳에서 살고 싶단다. 그곳 정자에 점심이 준비되었다. 우리 문인회 회장님의 올캐 언니가 대접하는 것이다. 집 앞에서 뜯은 쑥으로 떡을 만들고 여러 가지 나물과 김치 모두 집주변에서 뜯은 것이다 맛과 향이 너무 좋았다. 서산특산물 그 귀한 갑오징어회와 싱싱한 꽃게는 그곳에서만 맛을 느낄 수 있었다.

내 남편 손님이거나 자식 손님도 아닌 시누이의 손님을 위해서다. 새 언니(올케 언니)가 음식을 준비하기는 정말 어려운 일이다. 감사를 말로만 하자니 민망하다. 나도 친정에선 시누이고 시집에선 올케다. "넌 할 수 있니?" 작은 목소리로 나에게 묻는다.

김 병 렬

- 아호 : 유강(裕康)
- 단국대학교 국어국문학과 및 대학원
- 강남대학교 국어국문학과 강사
- (2006년)문학저널 등단
- 한국문인협회 시분과 회원, 문학의 강(남한강) 문학회 사무국장
- 월간 한국시 운영 이사, 한국시 연구협회 이사, 서울시 창작 낭송 협회 부회장, 김우종 문학상 운영위원, 문학저널 문인회 감사
- 한국문인협회 한국문학관 건립위원, 문화예술인사 편찬위원회 정책위원
- 문학저널문인회 우수 작품상
- 조지훈 문학상 수상, 한하운 문학상 수상
- 시집 :「바람이 가는 길」

- 전화 : 010-3311-9676
- E-mail : byeryeol@hanmail.net
- 주소 : 서울시 강동구 둔촌동 주공아파트 216동 202호

목어木魚

텅 비우고도
늘 차고 넘치는
노래부터
나를 깨우는 소리였다

두레박 철철 넘치게
퍼 올리는 영혼이 살아
天衣를 걸치고 날아오른다

나를 자르라 하고
오욕五慾을 지우고
드디어
天上으로 날아오르는
파랑새 한 마리
내 안에 날아들고
조그마한 절 한 채
짓고 있구나.

의림지義林池에서

쪽빛 거울 속에
가슴 일렁이며
숨어 있는 영호정映湖亭을 본다

천 년 노송老松의 뿌리는
남한강을 거슬러 올라
진한辰韓으로 오르고

보라,
한말韓末의 의분義憤은
푸르른 깃발로 꽂혀 있다

오늘
노송老松의 가지 끝에 걸린
빈 낮달은

억겁億劫을 부어도 채워도
목에 차오르지 않는
저 드넓은 선인先人들의 가슴이여.

바람이 가는 길

그 옛날 아부지처럼
바람도 목숨이 있으면
뿌리가 있어

한 줌의 바람 지나간 자리에
남은 발자국이라도 있을 터인데

삐비꽃 하얗게 핀 언덕에
바람이 스치며 곡을 만들고
노래야 파란 하늘로
퍼져 나가 버리지만

서운도 하겠지만
갈대숲 서걱거리는 바람소리 들으며
바람이 지나는 길목에 살고 싶구나

제 마음을 잃고
이렇게 떠도는 마음에도
갈 길이 있다면
되돌아오는 길도 있으련만

뿌리 없는 너는
그냥 지나가 버리는
단지 그리움뿐인 것을.

승무僧舞

속세俗世에는 없는
흰 나비 한 마리
사뿐사뿐 날아올라

금세
정토淨土에 떨어지는
구슬 서 말 꿰어놓고

백팔번뇌百八煩惱조차
아침 햇살
눈부시게 부서지는구나

돌담 아래
정화수井華水 한 사발
눈물 고여
넘칠 듯 말 듯

나비 한 마리
사뿐사뿐

햇살 눈부신
석탑 아랠
맴돌다 맴돌다
절 용마루 위로
날아가 버린다.

先史의 집에 남겨진 언어

아차산 해거름에
스멀스멀
기억의 늪으로 빠져드는
나의 생각을 불러내는 건
토기土器에 그려진 줄무늬였다

아, 세월아
너만 어찌 흘렀다 하느냐
지금도 흐르는 도도한 한강을 보라

그 신화神話의 조화로 끌어들여
녹슨 톱니바퀴 속을
건너오는 나의 꿈은
아직도 푸르니

오늘 나
기억의 작은 둠벙에서
건져 올린 돌화살 하나

내 가슴 한복판
눈부신 빛으로 꽂히고
어느 길손의 발길에
걷어차인
돌칼 하나

날 시퍼렇게 서
오늘밤 초승달로 뜨게 하라.

연밭을 지나던 바람아

눈부신 정오正午
솔향기 묻어 날으던
바람 한 줄기

내 설픗한 잠결
가볍게 흔들어 놓고
지나가 버리면

아, 내 안에
무량우주無量宇宙
낮은 音 자리에
꽃 한 송이 피우려는지

백로白露 날 아침
저 커다란
얼굴과 얼굴이 어울린
저 환희 속에서

방금
또르르르
굴러 떨어지는
은방울 소리에
바람 따라 가다가

나는 바람의 손 놓고
절간 용마루 기왓장에
연화蓮花 무늬로 태어난다.

적벽강赤壁岡에서

시자천도詩者天道라 했던가

저렇듯 켜켜이 쌓아올린
수 만 권의 서책書冊 앞에서
망연히 바라보니

세상에
왜 이리 내가 작은 지
오늘이 정말
나는 부끄럽기 짝이 없구나

내 생전 읽은 책이
내 키 만큼이나 할까
몸무게만 할까

생각마다 비개덩이로
쌓인 이 몸이
부끄럽기 짝이 없구나

오늘도 빗겨지는 바닷가
게양할미 수성당水城堂
후박나무 아래 주저앉아
벌거벗은 이 몸이

아하
가슴팍 차갑게 매질하는
저 헤살거리는 파도소리, 그 조차
오늘은 마냥
부끄럽고 부끄럽기 짝이 없구나.

저 하늘에 차 오르는 달을 보며

후 불어 버리면
구름 속 한 켠에 숨어 버릴까 봐
저 산 모롱이 감돌아
영영 뒷모습 감춰 버릴까 봐

그래서 더욱
서운하기도 했단다
또 보고 보았단다

누대累代를 내려온
집안의 세월歲月 속에 간절한
기다림이었단다

그래서 더욱
내 생애 반쯤
뚝 떼어주고 싶었단다

아, 오늘은
네가 보던 거울 앞에서
내 모습 속에서 찾아보는
너의 일기장

한 장 한 장
넘기고 싶단다

그렇지
너는 내 마음 속에
한 마리의 비둘기로 살다가
저 푸른 하늘을 훨훨 날아오른

너는 내 그리움의
자화상自畵像이었단다.

* 2011년 4월 2일(음력 2월 29일) 女息의 결혼식을 마치고

우 성 훈 (禹 成 勳)

- 아호 : 惠園
- 월간문학세계 등단
- 대구시조시인협회 전국시조 공모전 우수상
- 한국시조시인협회. 한국시조사랑시인협회
- 전)롯데그룹 전무이사
- 전)롯데브랑제리(주)대표이사

- 전화 :010-9214-2124
- E-mail :sh4051@yahoo.cp.kr
- 주소 : 서울시 강동구 성내동 삼성래미안 201동 1408호

파시波市

동지섣달 찬 바람에 시름은 깊어가고
가녀린 햇살마저 수평선에 잦아들 때
저멀리 뱃고동 소리 설레이는 앙가슴

고단한 삶의 둥지 어스름 저무는데
허기진 함지박에 내일을 담는 아낙
한두 줌 소망을 이고 흐느끼듯 가는 길.

환희歡喜

영롱한 저 빛들은 밤 하늘에 별들일까
오색 빛 잔 파도가 기쁨으로 밀려 올 때
눈부신 당신의 품에 와락 안겨 흐느낀다

"나 어느 날 꿈 속을 헤메며 그 바닷가 "
노래할 때 어느 새 잡아 주신 당신의 손
그 미소 따스한 손길 잊을 수 없는 밤

거라사* 불빛들이 물결에 부서진다
영겁이 흘러가도 사랑은 머무는 것
디베랴* 사랑의 호수 내 가슴을 묻는다.

*디베랴호수=갈릴리호수

*거라사: 디베랴호수 건너편 마을

복수초福壽草

땅 속 가득 퍼지는
뜨거운 너의 숨결

온 몸 살라 눈 녹이고
쫑긋 솟은 노란 등불

내 안의
꽃 등을 달아
긴 겨울을 벗는다.

연鳶

여의도 창공에는 가오리 연 높게 나네
높게 높게 오르자 용틀임을 하는구나
모두가 우러러 보는 하늘이 된 듯한 너

연들은 그 누가 만들고 띄웠는가
눈 아래 민초들은 바람 속에 아프고
세월은 흘러가는데 잡초만 무성하다

해질 녘 주인은 얼래를 감아 챈다
이리 저리 버티어도 속절 없는 곤두박질
그렇지 연의 주인은 얼래 줄을 감는 이.

가을 단상斷想

진종일 갈 바람만
가슴은 아픈 파문
버려야 할 헛된 것을
잡으려는 미련인가

풀잎에
반짝 머물다
사라지는 이슬인 걸

늦깎이 비바람이
세차게 몰아치며
덧 쌓인 잔욕들을
폐지처럼 쓸고 간다

이 가을
뚝뚝 떨어지는
낙엽 같은 내 허상虛想.

설국雪國

눈송이 꽃송이가 춤추듯 내려오고
산과 들 내 맘에도 설국을 이루니
세상이 멈춰 버린 듯 그 속에 갇히었다

눈 쌓인 설국엔 누가 살고 있을까
흰눈 같이 순백純白한 사람들 세상일까
내려라 얼룩진 인간사 우리들의 가슴에.

청목련青木蓮

소양호 옮겨왔나
쏟아질 듯 파란 하늘

앙가슴 터지는가
파란 꿈 망울 망울

들린다
잉태의 환희
청목련의 고고지성呱呱之聲.

*청목련– 파란하늘을 잔뜩 머금은 희망찬 마음 속 목련화

김 두 회

- 본명 : 김홍숙
- 장로교총회신학대학원 졸업
- 나사렛문예대 성서와 문예창작과(제10기) 수료
- 〈문예춘추〉 시조 등단
- 계간 〈한국크리스천문학〉 수필 등단
- 한국크리스천문학 이사
- 뿌리춘추 이사,
- 세종문학회 회원

- 전화 : 010-6320-0603
- 주소 : 경기도 성남시 분당구 금곡동 두산위브아파트 103동 1303호

길

비늘 툭툭 털어내고 돌아서는 구름 한 점
동동걸음 재촉하다 노을에 태워가며
모세가 품고 가던 길 가로막고 쉬어간다

양 어깨 무거운 짐 골짜기에 매어두고
눈길 밖 사각지대 독화살 피해간다
길게 쉰 하늘만 보다 한길로 달려가네

백발이 성성해도 그 옛날 그리움에
새벽길 살짝 열고 꽃시절 그려본다
양팔로 등불 밝히고 날개 펴는 새처럼.

탄천길

가슴에 묻힌 냉기
탄천에 풀라신다

무수한 주먹질을
기도의 염원으로

사람을
사랑하고 싶어서
아이들과 웃고 있다.

허수아비의 증언

새소리 들려오면 뛰놀고 싶어진다
황금빛 벌판에서 훠이훠이 부르면서
목청껏 메아리치면서 새 생명을 찾고 싶다

기슴에 걸친 옷을 바람에 휘두르며
따스한 숨소리로 솔직함을 드러내고
애가와 애곡의 찬가로 말소리 내고 싶다

싹 틔운 허수아비 노을에 숨찬 소리
벼이삭 익어가고 벌판이 꿈틀댈 때
입 벌려 말하지 않아도 지금 나는 듣고 싶다.

아! 가을인가

가슴에 파고드는 초가을 바람소리
애간장 태우듯이 그때는 그랬었지
고향 길 언덕 위에서 짝을 찾던 순이는

가을이 가기전에 겨울이 오기 전에
바람에 휘감기며 가슴에 희망 싣고
달려가 안기어 본다 사람삶이 흐르던 곳

저만큼 떨어져서 거울에 비쳐보며
무엇을 더 버릴까 가슴을 뒤져보며
세월의 강을 건너서 숨 고르며 여기까지.

가을 구름산

햇무리 사라질 때 비 맞은 단풍처럼
얼굴을 싸안고서 눈물을 견디었지
당신께 하고 싶은 말 한 번도 묻지 않아

마음껏 고독 속에 구름이 자유이듯
견디며 용서할 맘 씻은 손 드리우며
생애를 기다림으로 구름처럼 사셨지

하늘을 떠받들고 허공에 끄덕이며
가난을 가르치신 옷자락 그 매무새
오로지 소박한 멋쟁이로 등불 되신 어머니.

붓봉의 진실

창공의 물줄기가 붓봉을 휘감아서
맵고 짠 언어들을 말 없이 도려내고
쏠개미 톡톡 쏘아대도 팡파르 울려댔지

목마른 목청으로 억센 사람 잠 재우고
간절히 곱씹으며 감아 도는 이야기꽃
밤새껏 코맹맹이 소리로 비틀며 기도했지

지는 꽃 피워내려 비스듬히 다리 뻗고
곤욕의 생채기를 싸안고 흐느끼며
머리 푼 능수버들처럼 붓끝을 휘날렸지.

사랑도의 추억

섬 그늘 사량도엔 온 땅이 흔들렸지
앞 설까 뒤로 설까 발걸음 디뎌보고
햇살로 등 굽은 할매꽃 사랑으로 꽃 피웠지

은혜로 가득 넘쳐 깔깔대며 뒹굴다가
하루가 접히던 밤 곱게 펴서 닦아내고
한낮에 언어의 자국들 더듬더듬 헤쳤었지

모퉁이 사각지대 불타는 노을 앞에
제살을 굽고 있는 담장에 노송들은
허리띠 꽁꽁 동여매고 낚시 줄에 세월 묶네

밤 새운 아낙네들 우우우 얼싸안고
별식을 내밀면서 목울대 뚫어주고
위로의 지문 찍고서 투욱툭 털고 왔지.

가을 이야기

조금 차분해진 마음으로 오던 길을 되돌아 본다
겨울을 준비하는 진입로에서
시름시름 앓고 있는 나무들을 바라본다
산다는 게 뭔가 하고 문득 혼자서
새삼스레 착해져 보려고 중얼거린다
나뭇잎처럼, 우수에 물들어 가고 있기에

늦가을은 그런 계절인가 보다.
대중교통을 이용하며, 버스 안의 대중가요 소리를 들으며
빤히 들여다 보이는 노래 가락에도
곧잘 귀를 몽며 함 시절 함께하던 풋내기들
지금은 어느 하늘 아래서 무엇하고 있을까?
이역 만리 떨어진 것도 아니데
그들의 안부가 궁금해진다

깊은 밤 등하에서 주소록을 펼쳐 친구들의 눈매를 살피며
그 음성들을 기억해 낸다

가을은 그런 계절인 모양이다
한낮에는 아무리 의젓하고 빳빳한 사람일지라도
해가 기운 다음에는 가랑잎 구르는 소리...
그 소리 하나에도 귀뚜라미 우는 소리 하나에도
마음을 여는 연약한 존재임을 새삼스레 알아차린다

하늘 공간에 보이지 않는 연줄처럼 매듭을 풀어내며 서로가

서로를 믿고
이 시대 탁한 공기 속에서 보이지 않는 연줄로 기대면서 살아가는 인간임을 알게 된다

사람이 산다는 게 무엇이길래, 잡힐 듯 잡히지 않는 것이 막막한 물음이다
우리가 알 수 있는 것은 태어나고 죽고를 반복하며
언젠가 한 번은 죽지 않을 수 없다는 사실을...
그런 것인 줄 뻔히 알면서도 노상 아쉽고 서운하게 들리는 말이다

내 차례는 언제 어디서 일까? 하고 생각하면 순간 순간을
아무렇게나 허투루 살고 싶지 않다
늘 만나는 사람마다 따뜻한 눈길을 보내 주고
말쉬임 없이 붓을 돌리며 깊은 밤 주소록을 펼쳐 그들의 눈매와 얼굴을 하나하나 익혀 둔다

해가 뜨고 질 때,
멀리 떠나 있는 부모형제, 일가친척, 환우들의 안부가 궁금해질 때 기도하며...
다음 세상 어느 길목에선가 우연히 서로 마주칠 때 사랑으로
"오! 아무개 아닌가"하고 정답게 손을 마주 잡을 수 있도록
지금 이 자리에서 익혀 두고 싶다

이 가을에 나는 모든 이웃을 사랑해 주고 싶다
정답게 두 손 펼치고 무르익어 가는 곡식과 풍성한 열매를 그들 품에 안겨 주며
단 한 사람이라도 서운하게 해서는 안될 것이기에….

저 달빛 속으로

초가을 천만 년을 유유하는 바람소리
쇠사슬에 묶어놓은들 막을 수가 있으랴
그 바람에 밀려 슴슴히 지나가는
저 달의 깊은 숨소리 들으면서
아스름히 지나가는 어머니의 얼굴을 본다
저 달빛 속으로 들어가면
내 어머니 만날까?
지나가는 바람소리 붙잡고 묻고 싶다.

김 의 식

- 아호 : 청석(靑石)
- 현 (사)글로벌 녹색경영연구원 교육원장
- 인천대학교 초빙교수(경영학박사)
- 월간 문예사조 시/수필 등단
- 한국 문인협회 회원, 한국 장로문인협회회원, 세종문학회 회원

- 시집 : 「민들레 뿌리 되어」 (문예사조)
- 저서 : 「열정은 배신하지 않는다」(행복에너지) 외 다수

- 전화 : 010-8223-8271
- E-mail : huvac1004@hanmail.net
- cafe : www.cafe.daum.net/YesKim
- 주소 : 서울시 강동구 양재대로 126길 2 한마음주택 401호

시의 잉태

오랜 시간 삭여
안으로 껴안아 보는 그리움
물컹한 시간 위로 번진다
만삭된 임산부,
아들일까? 딸일까?
날카로운 펜 끝에서 생사를 넘나든다

시공을 초월한,
상상의 나래 기지개 켜고
나무 위로 나를 끌어내고 있다

서녘하늘 긴 그림자
바람에 치이어 춤을 출 때면
나는 함초롬히 고개를 든다

소망과 야망의 나래
서슬 푸른 야수의 가슴을 치고
하얀 집을 짓기 위해
오늘도 조용히 무등을 탄다.

브티끄 실루엣

산뜻한 새 날개 단 아내의 고운 의상
쇼윈도 위에 비춰 쓴 웃음도 지어 보고
선물로 받았나본데 눈썰미가 매섭다

쟈스민 짙은 향기 물씬 젖은 아내 모습
젊은 날 반반한 옷 한 벌도 못 사 줬네
미안해 너무 미안해 얼굴 한참 붉어진다

의상은 날개라지요 펄펄 나는 그 산뜻함
이런 날 팔짱끼고 산책 한번 나서볼까
맞잡은 고운 손에는 국화향이 날아든다.

마음 거울

세상에 고꾸라지는 날,
황홀한 은빛 레이스를 달린다 해도
보이고 안 보이는 건
마음속 거울 때문이지

원시와 근시로 교차된 혼돈,
볼록렌즈로 세월 넘보고
오목렌즈로 발자취 그려
세상을 살아가는 우리네 눈
육안으로 사물 보고
칼날에 무등 세워
혜안으로,
감춰진 마음을 보세.

성전에 거하리라

종소리 부름 속에 발걸음 동동거려
칼바람 스쳐가는 설한풍의 엄동에도
꿋꿋이 자리 지켜온 두 손 모은 오직 주님

명일동 종탑 아래 구름처럼 모여들어
목마름을 해갈하고 뼈아픔도 치유하니
말씀의 블랙홀처럼 빨아드린 안식처다

눈시울 붉어져도 환하게 웃음 짓고
응어리 삭혀내는 내 삶의 편린들이
영원히 머무를 곳은 내 아버지 계신 전.

세월의 나이테

숱한 얘기들 망태에 담아
긴긴 해도 가는 줄 몰랐더니
동지섣달 지는 해 추녀에 머무는구나
신록 늘 푸를 줄 알았더니
어느덧 낙엽되어 춤을 추는구나

병아리가 어미 닭 되는
짧고 붉은 세월 허공에 허덕이니
페이스북 고운 얼굴에 정크메일
할퀴고 간 자국이 쓰나미보다 더욱 아프다 해도
뒷모습 기록될 나의 자서전 속에
수금繡錦으로 수 놓을 인생 삼모작
세월의 나이테 속에 숨겨둔
그 말씀 속 약속들로 내일을 그려본다.

고통에도 뜻이 있다

가슴을 쪼아 대고 번뇌를 벗하는가
걱정도 친구란다 고난도 쓸모 있네
쓰나미 할퀴고 나니 모진 풍파 끄떡없다

마알간 수정처럼 잔잔한 바다처럼
참으면 자산인 걸 예전엔 미처 몰라
살인도 면한다지요 참을 인(忍)자 셋이면.

소통

말 많이 하는 데 그놈은
입가에 주렁주렁 매달린다
듣기는 하는 데 그놈은
귓가에 주렁주렁 매달린다

겉으로만 말하고 겉으로만 듣는
쓰리고 아린 우리들의 언어,
속으로 듣고
속마음 전할 순 없을까?
한 평생 눈만 뜨면 보는 사이
말다운 말 하고 사는가?

당신은 마음 삐죽 내밀고
날 불러 세우는데
나는 마음 닫혀 말 걸 수 없네
당신도 조금 열고
나도 반쯤 열어
말다운 말 하고
말다운 말 듣고 살자.

지구가 끓는다

덥혀진 지구 온도 엘리뇨 가져와서
빙하도 녹아내려 해수가 높아지니
투발루 물에 잠기니 지구 끓는 탓일세

우뚝 선 공장 굴뚝 매연의 깃발인가
산업화 주범 되어 다가온 기상이변
심각한 지구 온난화 온실가스 탓일세

쓰나미 가뭄 홍수 지구를 뒤덮는가
몰아친 인류 재앙 세계가 경악한다
문명의 이기 속에서 신음하는 지구다.

박 천 순

- 2011년 열린시학 등단
- 강동문인회 회원. 열린시학회 이사
- 세종문학회 회원

- 전화: 010-5318-8190
- E-mail: sky-s5@hanmail.net
- 주소 : 서울시 강동구 명일동 삼익가든아파트 7동 808호

꽃잎기도

학고 가는 아이 배웅하다
고추꽃 보았네

말라가며 아린 고추 맺는
작고 여린 흰 꽃
도시의 소음 공해도
거름으로 삼았구나

아침마다 피어나
학교 가는 아이
풋내도 익히고
맵내도 익히길

이 아침
꽃잎기도 올리네.

성전에 머무는 기도

이삭 줍는 룻에게 복을 주신 하나님
가장 낮은 자의 모습으로
성전에 나옵니다
세상의 비바람에 멍들고 지쳐
빈 손 들고 나옵니다
헐벗은 발일지라도 내치지 않고
씻기고 입혀 십자가 앞에 앉혀 주시는
주님의 은혜
피보다 진하게 몸속을 흐릅니다
쉼을 얻는 이 성전에서
작은 벽돌 한 장이고 싶습니다
아름다운 성전
흙 속에 녹아든 한 방울의 땀이고 싶습니다
주님 은혜로 거듭 난 생명
호흡마다 감사가 넘치니
겸손히 허리 숙여 이삭을 주우며
하나님의 은혜만을 사모합니다.

행복

나로 인해 누군가
걷다가도 피식 웃을 수 있다면
내가 힘이 되어
무슨 일이든 당당하게 할 수 있다면
나로 인해
따스한 눈으로 세상을 볼 수 있다면
벌거벗은 나무의 아름다움을
느낄 수 있다면
하얀 눈처럼 차별 없이
세상을 품을 수 있다면
나로 인해
이런 사람
한 사람이라도 있다면
진정 행복이겠지요.

주님 자녀된 기쁨

새 소리에 잠 깨어
새로운 한 날을 맞게 하시니
얼마나 감사한지요
오늘도 주님이 쓰실 몸
하늘 바라보며
맑은 숨을 채워 넣습니다

주님 몸이신 성전이
곁에 있으니
얼마나 행복한지요
기도하다 십자가 바라보면
그윽한 주님의 눈빛
다 안다 다 안다
다독여 주시지요

마음이 막무가내로 우울해질 때도
작은 꽃으로 피어 웃어 주시는
주님을 만나니
얼마나 기쁜지요
누더기로 해진 마음에
예쁜 꽃수가 놓여집니다.

울고 싶을 땐

장맛비 지나간 하늘이
유난히 예쁘네요
새파란 융단이 깔리고
하얀 폭죽 구름이
둥둥 떠 다녀요
새들의 노랫소리도
더 맑고 높게 울려 퍼져요

하나님도
울고 싶을 때가 있나 봐요
한바탕 울고 나니
저리 얼굴이 맑으시네요

울고 싶을 때
우리도 참지 말아요
장대비처럼 울고
아버지께 투정도 부리면
마음 깊은 곳에서 잠자던
맑은 무지개가 눈을 뜰 거예요
작은 기쁨들이
한지에 물감 번지듯
온 마음에 번져나갈 거예요.

배꼽 자리

아이의 배꼽이 아문 자리
엄마의 헌신이 담겨 있고요

꽃나무 배꼽이 아문 자리
어린 열매 탱글탱글 자라나고요

내 영혼의 배꼽이 아문 자리
지워지지 않는
주님의 사랑이 새겨져 있어요.

성전 가족

나란히 있어도
저마다 다른 모양의 이빨들
손톱 발톱도 제각각이지요
서로 달라도
제 목소리만 돋우지 않고
함께 도와 내 몸이 되어주는
모든 부분 부분들이 고마워요

수많은 다른 자녀들이 모여
한 마음으로 성전을 섬기는 걸 보면
주님 마음은 얼마나 흐뭇하실까요
묵묵히 제 일을 하는
든든한 우리가 있으니
주님은 새벽마다 힘차게
태양의 엉덩이를 밀어 올리겠지요

아무도 알아주지 않아도
주님이 보고 계심을 믿어요
아름답고 견고한 성전
구석구석 주님의 웃음이 묻어있음을 느껴요
주님 품이신 이곳에서
맘껏 찬양하고 기도하며
천국 가는 그 날까지 기쁘게 머무를래요.

그럼에도 불구하고

오늘도 바람에 너무 많이 흔들리며
시끄러운 소리로 마음을 소란케 했습니다
헛된 일에 대롱대롱 매달려 걸음만 분주했습니다

아버지께서 나를 몰라준다며
혼자 마음을 긁어 상처를 냈습니다
그것이 얼마나 아버지를 아프게 하는지

아버지의 마음을 헤아리려 하지 않고
눈 맞추려 하지 않고
나 편한대로, 내 생각만 했습니다

그럼에도 불구하고
내게 손 내밀어 주시고
날마다 조금씩 자라게 하시는 아버지,
눈물방울 모아 감사기도 올립니다.

채현병(蔡賢秉)

- 아호 : 海月
- 2006년 〈시조와 비평〉등단
- 원주문협, 강원문협, 강원시조협, 한국시조시인협회,
  한국시조사랑시인협회, 청계시사, 동백문학회, 세종문학회, 월하시조문학회
- 제27회 동백예술문화상(문학부문)
- 제1회 청계천문학상(시조부문)
- 제1회 하운문학상(시조부문)
- 제12회 한국문학신문 기성문인문학상(시조부문 대상)

- 전화 : 010-6207-7326
- E-mail : ssamgipark@hanmail.net
- 주소 : 서울시 송파구 송이로31길 16-36(문정동 126-9 기린빌라 A동 202호)

〈2012 런던올림픽〉
대한민국 금메달 시리즈

〈남자공기소총 10M 금메달 진종오 선수〉
진솔옷 걸치시듯 금메달 목에 걸고
종소리 울리시듯 승전보 전하시니
오롯한 사격솜씨로 나라사랑 하시네

〈여자양궁단체 금메달 이성진, 최현주, 기보배 선수〉
발그레 고운 얼굴 미소를 띄우더니
결승전 사대射臺에서 폭우를 만났어도
정중앙 과녁을 뚫고 월계관을 썼어라

〈남자유도 81Kg급 금메달 김재범 선수〉
이름도 범상찮은 김재범 유도선수
수手마다 통달하여 범같이 날래시니
빛나는 번개기술로 금메달을 땄어라

〈여자펜싱 사브르 금메달 김지연 선수〉
짜릿한 눈빛으로 칼끝을 살려내니
상대를 제압하는 역전의 명수인가
금메달 차지하고서 활짝 웃고 있어요

〈여자권총 25M 금메달 김장미 선수〉
무표정 얼굴에다 강심장 달았는가
가녀린 손가락이 표적을 뚫었는가
초감각 장미꽃에서 웃음꽃이 피었다

〈남자유도 90Kg급 금메달 송대남 선수〉
사나이 집념으로 굴곡을 넘나들다
안 뒤축 감아쳐서 금메달 나꿔채니
감독도 선수와 함께 맞절하며 웃더라

〈여자양궁 개인전 금메달 기보배 선수〉
바람의 조화인가 여신의 심술인가
토해낸 화살마다 비기고 비기더니
지구촌 숨 멎게 한 후 그제서야 이기네

〈남자양궁 개인전 금메달 오진혁 선수〉
동이족 후예로다 대한의 남아로다
비바람 물리치고 결승에 오르더니
화살을 다 쏘기 전에 금메달을 따더라

〈남자펜싱 단체전 원우영,구본길,김정환,오은석 선수〉
재빠른 발놀림에 탄력이 살아나고
현란한 손놀림에 오기가 번뜩이니
대드는 검객들마다 무릎 꿇고 말더라

〈남자권총 50M 금메달 진종오 선수〉
2연패 2관왕에 미소가 번졌어라
사격은 한 방이다 좌우명 새기더니
7점차 극복하고서 금자탑을 쌓았네

〈남자체조 도마 양학선 선수〉
올림픽 무대 위로 학처럼 날아올라
양학선 기술로써 조화를 부리더니

제 기술 제가 부리고 도마신跳馬神이 되더라

〈레슬링 그레코로만형 66Kg급 김현우 선수〉
귓바퀴 눌린 채로 눈퉁이 부풀어도
고무줄 탄력 받아 상대를 나꿔채니
금메달 반짝거리며 지구촌을 밝히네

〈여자태권도 67Kg급 황경선 선수〉
올림픽 여인인가 태권도 여제인가
날아간 발길질에 모두가 쓰러지니
황금빛 금메달들이 줄을 서서 안기네

〈2012 런던올림픽〉
대한민국 버금 금메달 시리즈

〈남자유도 66Kg급 동메달 조준호 선수〉
판정을 번복하여 금메달 뺏겼어도
충격을 이겨내고 동메달 따셨으니
빛나는 금빛 투혼에 박수갈채 보낸다오

〈남자수영 자유형 40M 은메달 박태환 선수〉
심판의 실수 끝에 메달이 바뀌었나
수심을 헤쳐 나와 은메달 건졌으나
2연패 이루지 못해 아쉬움만 남누나

〈여자펜싱 준결에서 1초에 묶여 역전패 당한 신아람 선수〉
세월의 흐름 속에 모두가 흐른다만
올림픽 펜싱장엔 시간을 묶어두고
매달린 금메달까지 싹쓸이해 가더라

〈축구8강전 승리 / 한국:영국〉
텃세를 부려 싸도 팽팽히 맞서고서
혈전에 혈전 끝에 종주국 눌렀어라
꽉 채운 영국 관중을 숨죽이게 했어라

〈남자권총 50M 은메달 최영래 선수〉
무명의 설움인가 마음의 짐이었나
마지막 총알 하나 눈물샘 건드리니
금메달 내어주고서 펑펑 펑펑 울더라

〈여자역도 75Kg급 4위 장미란 선수〉
장미란 역도 여제 진정한 선수여라
빛나는 투혼 속에 최선을 다하시니
감동을 들어 올리고 희망까지 주셨네

〈여자 배구영웅 김연경 선수〉
하늘을 날으시니 배구의 여신인가
한얼이 서렸으니 득점의 영웅인가
올림픽 배구사에서 길이길이 빛나네

〈여자핸드볼 4위 한국팀〉
두 차례 연장전에 모두를 쏟았어라
우생순 진한 감동 가슴에 새기면서
마지막 남은 힘까지 바닥에 뿌렸어라

〈리듬체조 5위 손연재 선수〉
체조계 샛별이라 저리도 반짝이고
올림픽 요정이라 저리도 아름다워
흘리는 눈물마저도 보석처럼 빛나네

한하운 님을 그리며

–끝말이어 시조 짓기–

애 어른 할 것 없이 모두가 좋아하니
하운何雲님 노래 속에 고향이 숨었구나
오늘도 보리피리 불며 황톳길을 가보세

세마치 장단따라 흐르는 봄노래가
관악을 휘돌아서 장안을 돌고 도니
하운님 시혼詩魂이 살아 이 세상을 밝히리

리 자字로 끝나는 말 정말로 깜찍해요
병아리 꾀꼬리에 고사리 개나리도
그 중에 보리피리만 내 가슴을 울려요

요사이 부는 바람 복고조復古調 시조바람
율려律呂를 되짚어서 선비풍 살아나니
절주節奏로 풀어낸 가락 선율旋律따라 흐르지

지붕 위 하얀 박꽃 밤새워 피우더니
둥근 박 남겨둔 채 별나라 가셨어라
소록도 기나긴 밤도 훤히 밝아 오는데

데구르 구르거니 옥 구슬 뿐이리까
세월도 굴러가니 역사도 흐릅니다
한센병 물러났으니 신천지라 하겠소

소리를 보시나니 관세음觀世音 보살이요
빛깔을 감추시니 반야般若의 마음이라
이 세상 밝혀 주고서 하늘나라 가셨네

네 속에 내 있나니 언제나 믿음이요
내 속에 네 있나니 언제나 사랑이라
이마저 찾지 못하고 방황하면 어떡해

해님이 웃으시듯 해맑은 님의 세계
고통을 분해하여 낱낱이 날리시고
오늘도 머나먼 길을 훠이훠이 갑니다

다문 입 벌리시니 음향音香이 번져오고
감은 눈 뜨시나니 춘광春光이 반짝인다
하운님 맑은 소리에 황톳길이 열리네

장 명 철

- 아호 : 淸仁
- 인천 출생
- 고려대학교 졸업
- 前 한국전력공사 임원
- 한국 국보문학 시조부문 신인상 수상
- 세종문학회 회원

- 전화 : 010-3720-5829
- E-mail : cmc5202@hanmail.net
- 주소 : 서울시 강동구 암사3동 414-2 롯데캐슬퍼스트 107동 2101호

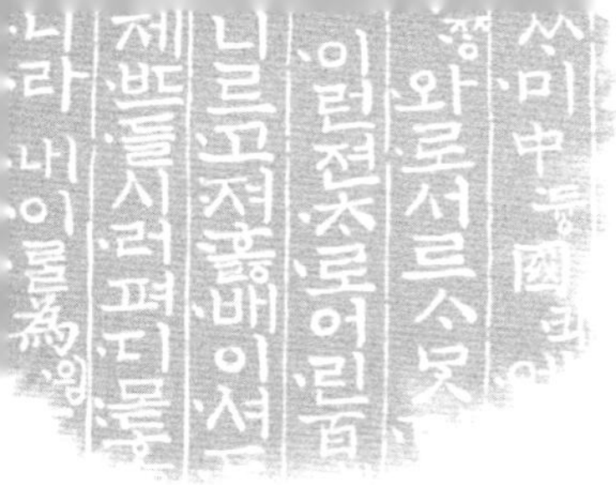

별의 향기

얼마나 그리우면
가신 임 밉다 했나

잊으려 외면해도
옛 정情이 사무치니

별이 된
그 이의 향기
온 몸으로 스미네.

잡초를 뽑으며

예쁘게 단장하고
봄맞이 나왔건만

벌 나비 들기 전에
뿌리째 뽑혔으니

제 수명
못 다한 아픔
손끝마다 저리네.

부부의 마음

토끼잠 취한 사이 봄비처럼 다가와서
깰세라 조심스레 이불깃 여며주니
내 미처 그 작은 손길 정인 줄을 몰랐네.

말없이 쳐다만 봐도 고개를 끄덕이는
거울에 비추이듯 똑같이 닮은 생각
마음도 세월 따라서 서로에게 스몄다.

동심의 인력引力

엄마의 총총 걸음
마음만큼 바쁜데

뒤따르는 천진난만
꽃잎 물고 잡아끄니

모정도
동심에 녹아
길바닥에 드러눕네.

손자 사랑

똑 닮은 손자녀석
짓궂은 장난쳐도

호된 야단 치긴커녕
자랑만 한 바구니

콩깍지
내리사랑은
할아비의 참 행복.

송 경 태

- 아호 : 가은 (嘉恩)
- 서울 출생
- 국보문학 회원
- 국보문예창작대학원 수료
- 세종문학회 회원
- 한국시조사랑시인협회 회원
- (사)대한민국국보문학협회 운영이사
- 동인문집 「내 마음의 숲」 공저
- 현)명일해장국 운영

- 전화 : 010-8720-0903
- E-mail : songkt50@hanmail.net
- 주소 : 서울시 강동구 명일동 312-89

인생

첫눈 내린 사거리길
한가롭던 낙엽 한잎

칼바람에 멱살 잡혀
하늘높이 버려지니

길 잃은
철새 한마리
친구인가 쫓는다.

노년의 행복

손자놈 사진 한 장
봄꽃타고 날아오면

적적한 두 늙은이
이야기꽃 엮어서

이 한 밤
꽃이불 위에
밤새껏 걸어둘까.

디딤돌

돌아서 머물다가
쉼 없이 가는 세월

내 갈길 더듬어서
디딤돌 놓습니다

똑바로
걷고 싶어서
갈지자를 모읍니다.

행복한 동행

오솔길 걷고 싶어 무작정 걷고 싶어
내 마음 둘둘 말아 허리춤 동여매고
신 벗고
망설이는 길
어깨내준 님이여.

인생이 그려놓은 고독한 오솔길에
문학의 사향으로 인연을 뿌려놓고
신 신고
함께 걷자며
손목잡는 님이여.

펜션의 여름밤

물소리 술 따르고
바람소리 춤을 추니

펜션 뜰 여름밤은
고향마당 잔치일세

풀벌레
노래바구니
그리움을 담는다.

가을 향기

따스한 커피 한 잔
입안에 굴리면서

하루를 마감하고
집으로 돌아가는

피곤한 낙엽 입술에
커피향이 진하다.

낙엽

님 사랑 감당 못해 숨죽여 인연 끊고
고운 옷 다 찢긴 채 너울너울 바람 쓸려
못다 한
사랑 찾아서
뒹구르며 부서진다.

부서지는 너의 모습 내 맘속에 파고 들어
시 한수를 쏟는구나 깊은 곳 아픈 사연
까아만
침묵 속에서
사랑인연 찾아간다.

숨은 진리

잘한 일 애쓴 일이
온 식구 힘들었고

좋은 일 옳은 일이
친구들 아파했고

오호라
인생의 진리
어느 길에 숨어있나.

세종 문학회 연혁

＊원두막 문학회 결성 (7인)

– 2007년 7월 26일 (양평 아나톨레 펜션)

– 이광녕, 금동춘, 조영희, 유기충, 배정자, 정태은, 송태남

1. 제1회 정기 모임

– 2007년 9월 20일 (회칙 발효)

– 초대 회장 : 이광녕 / 사무국장 : 조영희

– 참석인원 11명 : 이광녕, 유기충, 배정자, 금동춘, 송태남, 김동원, 정태은, 조영희, 김묘순, 정정숙, 이윤아

2. 제2회 정기 모임

– 2007년 11월 22일 (명일 우리 감자탕)

– 참석인원 6명 : 이광녕, 금동춘, 조영희, 배정자, 정정숙, 이윤아

3. 제3회 (문학기행)

– 2008 1월 26일 : 영월 청령포–〉 장릉–〉 김삿갓 기념관

– 세미나 주제 : 영월지역 문학기행 (이광녕 회장)

– 참석인원 6명 : 이광녕, 유기충, 금동춘, 조영희, 정태운, 송태남, 배정자,

4. 제4회 정기 모임

– 2008년 3월 28일 : 고덕산장

– 참석인원 8명 : 이광녕, 금동춘, 유기충, 조영희, 정태은, 송태남, 배정자, 정정숙

– 금동춘회원 등단 ＊ 우성훈 회원 장녀 결혼식

5. **제5회 정기 모임**

- 2008년 5월 29일 : 고덕산장
- 강좌 주제 : 우리말의 어원 / 이광녕 회장
- 참석인원 7명 : 금동춘, 유기충, 송태남, 이광녕, 배정자, 조영희, 정정숙
- 신입회원: 김병렬

6. **제6회 (문학 탐방)**

- 2008년 7월 28일 : 허난설헌 묘소, 시비 / 방석 (의안대군) 묘소
- 참석인원 8명 : 이광녕, 금동춘, 정태은, 정정숙, 배정자, 유기충, 조영희, 김병렬

7. **제7회 정기 모임**

- 2008년 9월 25일 : 명성교회 월드글로리아 1층
- 강좌 주제 : 우리말의 어원 / 이광녕 회장
- 참석인원 7명 : 이광녕, 금동춘, 정태은, 송태남, 정정숙, 배정자, 조영희
- 신입회원 : 정성재

8. **번개 모임 (밤줍기 행사)**

- 장소 : 2008년 9월 30일 : 양평 아나톨레 펜션
- 참석인원 (7명) : 금동춘, 이광녕,조영희, 송태남, 정태은, 배정자, 정정숙

9. **제 8회 정기 모임**

- 2008년 11월 21일 : 고덕가든
- 특강 : 윤동주의 작품세계 (이광녕 회장)
- 참석인원 (6명) : 이광녕, 금동춘, , 조영희, 유기충, 정정숙, 배정자

10. **제 9회 (송년 모임)**

- 2008년 12월 23일 (고덕가든)
- 특강: 기녀 시조 연구 (이광녕 회장)
- 참석인원 : 이광녕, 금동춘, 조영희, 유기충, 정태은, 송태남, 정정숙, 정성재
- 신입회원: 김의식, 김경순

11. **제10회 정기 모임**

- 2009년 2월 7일 고덕가든 참석인원 (9명)
- 특강 : 국문법 강좌 (이광녕 회장)
- 신입회원 : 우성훈

12. **제11회 (문학 기행)**

- 2009년 4월 25일 : 영주 소수서원, 박물관, 선비촌, 금성단, 부석사 참석인원 (11명)
- 세미나 : 시창작 방법론 (이광녕 회장) 문학기행 코스별 해설,
- 교통편 : 승용차 3대 (차량 봉사:이광녕, 정태은, 우성훈)
- 우성훈 모친상

13. **제12회 정기 모임**

- 2009년 6월 22일 : 고덕가든 참석인원 (11명)
- 특강 주제 : 시창작 방법론 강좌 : 이광녕 회장
- 신입회원 : 모상철

14. **제13회 정기 모임**

- 2009년 8월 10일 : 고덕가든 참석인원 (12명)
- 특강 주제 : 수필의 이해와 명수필 감상 : 이광녕회장
- 신입회원 : 오점숙

15. 번개모임(밤줍기 행사)

– 2009년 9월 26일 경기도 양평 아나톨레 펜션 (참석인원:6명)

– 자작글 낭송(시,수필 등 자유)

16. 제14회 정기 모임

– 2009년 10월 22일 (고덕가든) 참석인원 (12명)

– 원두막 문학회를 선사 문학회로 개명 논의

17. 제15회 정기 모임

– 2009년 12월 11일 : 명성교회 월드글로리아

– 참석인원 (11명) : 이광녕, 금동춘, 송태남, 유기충, 정성재, 우성훈, 조영희, 정태은, 정정숙, 모상철, 배정자,

– 세미나 : 수필문학, 창작수필과 이론 (호정 정정숙)

– 김병렬: 한하운 문학상 수상, 문학저널 작품상 수상

18. 제16회 (정기총회)

– 2010년 2월 4일 (고덕가든)

– 2대 회장 : 금동춘, 사무국장: 배정자

– 참석인원 (11명) : 금동춘, 송태남, 유기충, 김의식, 우성훈, 정태은, 이광녕, 조영희, 모상철, 배정자, 오점숙

– 신입회원 : 김의식 * 조영희 부친상

19. 제17회(춘계 문학기행)

– 2010년 5월 15일 (부여 궁남지–〉국립박물관–〉부소산성(낙화암)–〉고란사–〉구드래조각공원 –〉백제박물관–〉무량사–〉시비개화공원)

– 부여 현지: 이흥우 시인(사진 촬영)과 유상용 시인 식사제공

– 참석인원 12명

20. 제18회 정기 모임

- 2010년 6월 29일 고덕산장, (참석인원 12명)
- 우성훈 등단 축하

21. 제19회 정기 모임

- 2010년 8월 26일 고덕 가든 (참석인원 10명)
- 세미나 : 황진이 시조의 표현기교 (이광녕 고문)

22. 제20회 정기 모임

- 2010년 10월 6일 고덕가든 (참석인원 11명)
- 세미나 : 시(詩)창작 방법론 (이광녕 고문)
- 정태은 차남 결혼, *우성훈회원 전국시조백일장 공모전 수상

23. 제21회 정기 모임

- 2010년 12월 21일 고덕가든 (참석인원 11명)
- 세미나 : 시조창작법 (이광녕고문)
- 신입회원: 성낙수, 김두회

24. 제22회 정기 총회

- 2011년 2월 17일 우리원 (참석인원 13명)
- **제2대 회장 : 금동춘 / 사무국장 : 배정자**
- 이광녕 고문 박사학위 취득
- 금동춘 시집 출간 축하

25. 제23회 정기 모임

- 2011년 4월 4일 우리원 (참석 12명)
- 초빙강사 : 원용문박사 (문학창작 이론에 대하여)
- 성낙수 회원 시조문학 등단
- 김병렬 장녀 결혼식

26. 제24회 (춘계 문학기행)

- 2011년 5월 10일 (참석인원 11명)
- 파주일원(이율곡, 황희정승 기념관) - 오두산 전망대-황희 정승 유적지-임진각-화석정-자운서원-두루뫼박물관

27. 제25회 정기 모임

- 2011년 6월 25일 고덕가든 (참석인원 11명)
- 세미나 : 문학의 기능과 문학 연구의 4가지 관점 /이광녕 고문
- **회칭 변경 : '원두막문학회'-〉 '세종문학회'로 개정**
- 모상철 시인 수상, 송태남 시인 등단
- 금동춘회장 모친상, 김의식 시인 모친상

28. 제26회 정기 모임

- 2011년 8월 8일 우리원 (참석인원 11명)
- 세미나 이광녕 박사

29. 제 27회모임 (밤줍기 행사, 문학기행)

- 2011년 10월 8일 아나톨레펜션(참석인원 10명)
- 한음 이덕형 기념관 -〉 소나기 마을(황순원 문학관) -〉 칠읍산 아나톨레(시낭송회 및 밤 줍기)
- 배정자시인 장녀 결혼, 성낙수 시인 장남 결혼

30. 제 28회 정기 모임

- 2011년 12월 5일 고덕가든 10명
- 세미나 : 현대시조의 창작기법 /이광녕박사
- 이광녕 박사 〈현대시조의 창작기법〉 출간
- 김두희 선생님 크리스찬문학회 등단
- 정태은 시인 모친상 * 신입회원 이애리

31. 제 29회 정기 모임

- 2012년 2월 6일 우리원 (참석인원 14명)
- 특강 : 시조를 국민시로, 세계화로 시키자/ 이광녕 박사

32. 제 30회 (춘계 문학기행)

- 2012년 4월 28일 참석인원 9명
- 온양민속박물관- 맹사성고택- 외암리민속마을- 추사김정희 고택- 현충사
- 김병렬시인님 차남 결혼

33. 제 31회 정기 모임

- 2012년 6월 11일 참석인원 10명
- 세미나: 이광녕 박사
- 김의식 "반기문총장"출간 축하

34. 제 32회 정기 모임

- 2012년 8월 6일 고덕산장 (참석인원 12명)
- 특강 :김의식 〈반기문 유엔사무총장의 리더쉽에 대해서〉
- 모상철 한국문학신문 시조 대상
- 신입 회원: 양승종, 이인자

35. 제 33회 정기 모임

- 2012년 10월 15일 고덕가든
- 세미나: 이광녕 박사
- 조영희 시인 두 번째 시집 〈시간의 사슬〉 출간
- 신입 회원: 박천순

36. 제 34회 정기 모임

- 2012년 12월 10일 산누리
- 세미나: 이광녕 박사 * 장명철 차남 결혼

37. 제 35회 정기 모임

- 2012년 12월 10일 산누리
- 유기충 등단 / 문학세계
- 김병렬 시인 시집 출간 〈바람이 가는 길〉

38. 제 36회 (정기 총회)

- 2013년 1월 22일 산누리 (참석인원 16명)
- **제3대 회장: 조영희 / 사무국장: 정정숙 선임**
- 세미나: 허난설헌 문학강좌 이광녕박사
- 초대회장: 이광녕고문 감사패 수여
- 제2대회장: 금동춘회장 공로패 수여
- 2013년 연간 사업계획서 예시, 세종문학회 회칙 개정
- 신입 회원: 채현병

39. 제 37회 정기 모임

- 2013년 3월 26일 정성본 (참석인원 16명)
- 세미나: 어문법 강좌 /이광녕박사
- 2013년 동인지 원고 접수
- 정정숙 사무국장 이끄는 서예, 획 전
- 채현병시인 한국문학신문 시조부문 대상, 한하운 문학상
- 신입회원 : 송경태

40. 제 38회 정기 모임

– 2013년 4월 23일 정성본 참석인원 10명

– 이광녕고문 제5시조집 〈하늘다리 건너다〉 출간

– 세종문학회 현수막 제작

41. 제 39회 (2013년 춘계 문학기행)

– 2013년 5월 7일 부여 (참석인원 13명)

– 마애삼존불(백제의 미소) 개심사–〉 해미 정순왕후고택(생가)–〉 해미읍성–〉 부석 월계리(점심식사, 간단 낭송회)–〉 부석, 부석사–〉 간월암 (낙조)

– 조영희 회장 월하문학제 '좋은 작품집상' 수상

– 김병렬 선생 장남 결혼

42. 제 40회 정기 모임

– 2013년 6월 25일 양평상황오리 (참석인원 12명)

– 문학세미나 : 이광녕박사 〈우리말의 虛와 實〉

– 조영희 회장 제6회 시조문학'좋은작품집상' 수상

43. 제 41회 정기 모임

– 2013년 8월 19일 명일해장국 (참석인원 14명)

– 세미나 : 채현병 시인

– 정태은, 장명철 : 국보문학으로 현대시조 등단

44. 제 42회 추계 문학기행

– 2013년 9월 12일 화서 이항로 생가, 풍수원 성당 (참석인원 9명)

– 세미나 :이항로선생의 생애와 정신/이광녕 박사

45. 제 43회 정기 모임

- 2013년 11월 12일 고덕산장 (참석인원 12명)
- 세미나 : 이광녕 박사

46. 제 44회 (세종문학 출판기념회)

- 2013년 12월 26일 세종문학 동인지 창간호 출간
- 양평 아나톨레펜션
- 조영희 회장 '선사문학상'수상(12월 21일),
  한국시조사랑시인 협회 '작품상' 수상(12월 20일).

세종 문학회 회칙

제1장 총 회

제1조(명칭) : 이 회는 '세종 문학회'라 칭한다.

제2조(소재지) :본회의 본부는 연락처인 사무국(총무국)이 소재한 곳으로 한다.

제3조(목적) : 본회는 회원의 문학적 자질 향상과 문인으로서의 위상 정립, 그리고 회원 상호간의 친목을 도모함을 목적으로 한다.

제4조(사업) 본회는 다음 각 항의 사업을 한다.
1. 월 회보 및 동인지 발간
2. 문학 강좌, 시낭송회, 시화전
3. 문학 세미나
4. 기타 본회의 목적에 부합되는 사업

제2장 회 원

제5조 (회원 자격)
1. 본회의 회원은 문학에 뜻을 둔 동호인으로 구성하되 남녀의 차등을 두지 않는다.
2. 회원은 문단에 등단하였거나 문학적 자질과 열의가 뚜렷한 자라야 한다.
3. 회원은 품성이 바르고 선량하며 대인관계에 문제가 없는 원만한 인격의 소유자라야 한다.

4. 본회의 발전을 위하여 지원 또는 찬조하는 인사는 명예회원으로 영입할 수 있다.
5. 본회에 관심이 있고 등단자로서 열의가 있으나 지역적인 문제나 시간적인 문제로 참석 할 수 없는 사람은 준회원으로 인정하고 월회지를 우송하는 등 회원의 자격을 갖는다.

제6조(입회) : 본회에 입회하고자 하는 자는 소정의 입회원서를 제출, 임원회의 심사를 거쳐 승인을 받아야 한다.

제7조(권리, 의무) : 회원은 월례회 또는 총회를 통하여 본회 운영에 참여할 의무를 가지며, 회칙을 준수하고 본회 결의 사항을 이행하며 매월 소정의 회비 납부의 의무를 가진다.

제8조(탈퇴, 징계)
1. 제5조 규정을 이행하지 않았거나 본회에 대한 명예훼손 인화분위기에 해를 끼친 회원은 문학회에서 임원회의 결의를 거쳐 제명한다.
2. 무단으로 연속 3회 이상 불참 시에는 참여 의사가 없는 것으로 간주하여 문학회에서 제명한다.

제3장 임 원

제9조(임원) 본회의 임원은 회장1인,부회장3인 내외, 사무국장1인, 회계, 감사1인으로 한다.

제10조(임기)

1. 회장의 임기는 2년으로 하되, 상황에 따라 연임이나 중임을 할 수 있다.
   단, 연임 • 중임을 할 경우에는 총회의 승인을 받아야 한다.
2. 기타 임원은 임기 2년으로 하되 경우에 따라 연임할 수 있다.

제11조(선출 시기): 임원의 선출은 임기 만료년도의 1월 총회에서 선출한다.

제12조(임원 자격) : 임원은 본회의 발전을 위하여 부단한 노력과 열성이 있는 자로서 출석 성적이 양호한 회원이라야 한다.

제13조(회장의 임무와 선출)

1. 회장은 본회를 대표하여 본회 업무를 총괄한다.
2. 회장의 선임은 민주적 인사 운영, 회원의 인화, 자발적 참여등을 고려하여 선출한다.
3. 회장의 선출은 등단 경력, 열의 등을 고려한 선거에 의한다.
4. 회장은 남녀의 차등이 없으며 본회의 위상을 격상시킬 만한 인격의 소유자라야 한다.
5. 회장은 대외적 이미지를 고려하여 문단에 등단한 자를 선출하되 본회의 발전을 위하여 상당한 영향력을 지녔거나 열의와 인품이 훌륭한 자를 우선으로 한다.

제14조(직무 대행): 회장 유고시에는 부회장이, 부회장 유고시에는 사무국장이 그 직무를 대행한다.

제15조(사무국장) : 사무국장은 본회의 업무 전반을 관장하고, 직원을 두어 본회 내부의 사무적 실무를 권장한다.

第16조(감사) : 감사는 회계 경리 등을 포함한 본회 업무에 대해 정당한 집행 여부를 감찰, 총회 때 그 결과를 보고하여야 한다.

제 4 장 회의, 재정

第17조(회의 소집) :격월 1회 문학회를 소집하며 회기 보고 월인 1월은 총회로 소집한다.

第18조(의결): 문학회 또는 총회에의 정족수는 회원의 과반수이상으로 하며, 의결은 출석 인원 3분의 2이상으로 한다.

第19조(부의 사항): 회의에서의 부의 사항은 다음과 같다.

1. 문학 활동과 친목에 관한 일
2. 임원 선출에 관한 일
3. 예산 결산에 관한 일
4. 기타 회칙에 규정한 사항

第20조(수입) : 회비, 찬조금, 기타 수입으로 한다.

第21조(회게 감사) : 회계 감사는 연1회 1월 총회시 집행한다.

부 칙

第22조(회칙 개정) : 회칙 개정의 필요가 있을 때에는 매년 정기 총회(1월)에서 위 17조 의결 방법에 준하여 회칙을 개정할 수 있다.

초판 인쇄 2013년 12월 23일
초판 발행 2013년 12월 26일 초판 1쇄 펴냄

발 행 처 세종문학회
발 행 인 조영희
상임고문 이광녕
편집위원 김병렬 • 채현병

펴 낸 곳 도서출판 국보
펴 낸 이 임수홍
주　　소 서울시 강동구 길동 395-3 2층
전　　화 (02) 476-2757~8, 7260
팩　　스 (02) 476-2759
E-mail kbmh22@hanmail.net

값 10,000원
•
ISBN 978-89-93533-64-4 03800

이 도서의 국립중앙도서관 출판시도서목록(CIP)은 서지정보유통지원시스템 홈페이지(http://seoji.nl.go.kr)와국가자료공동목록시스템(http://www.nl.go.kr/kolisnet)에서 이용하실 수 있습니다. (CIP제어번호 : CIP2013028111)